IL MONDO 12

ART BOOK

VOLUME 1-2-3-4-5-6-7

DI
FRANCESCA FORLENZA

Tutti i diritti riservati.

Questa è un'opera di fantasia. Nomi, personaggi, luoghi e avvenimenti sono frutto dell'immaginazione dell'autore. Ogni somiglianza a persone reali, vive o morte, imprese commerciali, eventi o località è puramente casuale.

Art book

Self publishing

Prima edizione: Gennaio 2024

Immagine copertina Yacobchuk © 123RF.com

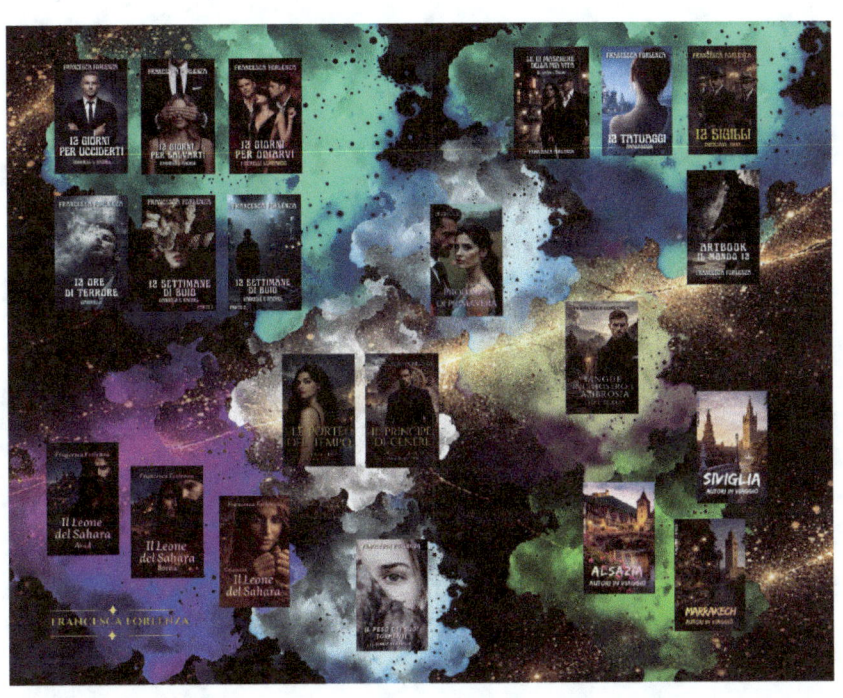

Glossario

Volumi 1 *12 giorni per ucciderti.*

Volume 2 *12 giorni per salvarti*

Volume 3 *12 giorni per odiarvi*

Volume 4 *Le 12 maschere della mia vita*

Volume 5 *12 ore di terrore*

Volume 6 *12 settimane di buio Parte 1*

Volume 7 *12 settimane di buio Parte 2*

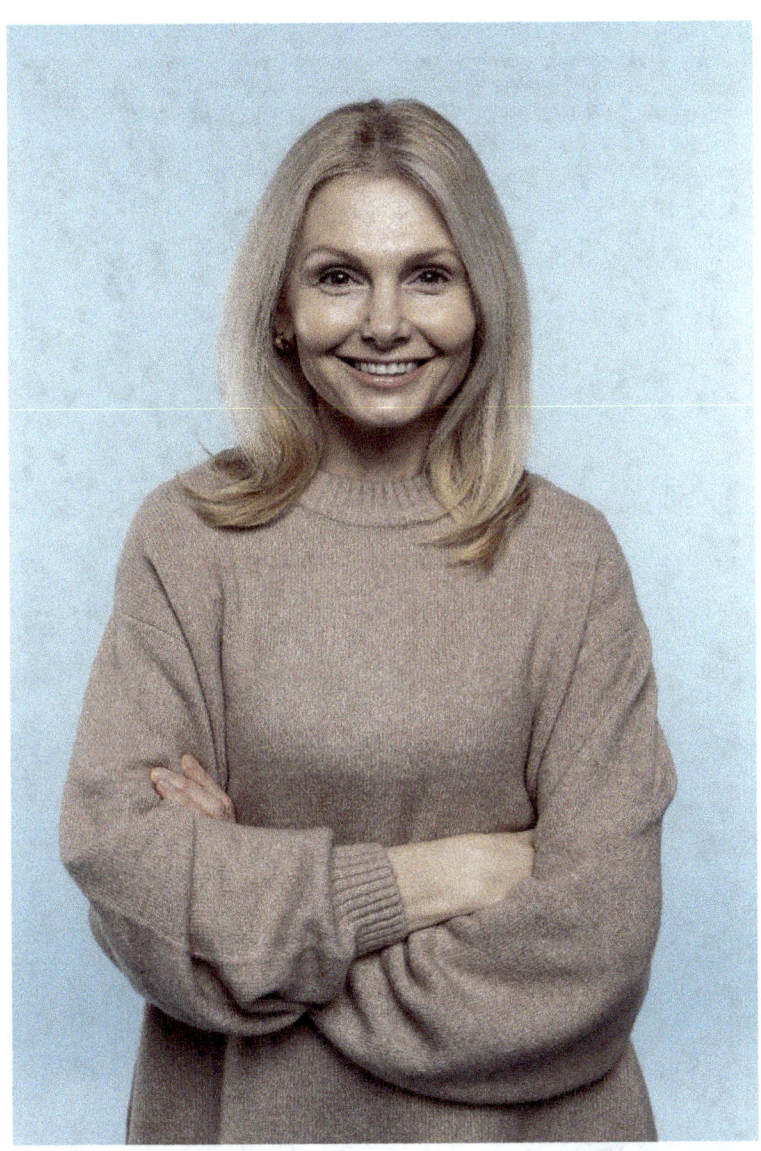

Aalina Prokhor. Madre di Ivan Prokhor. Nata nel 1952. Morta nel 1998.

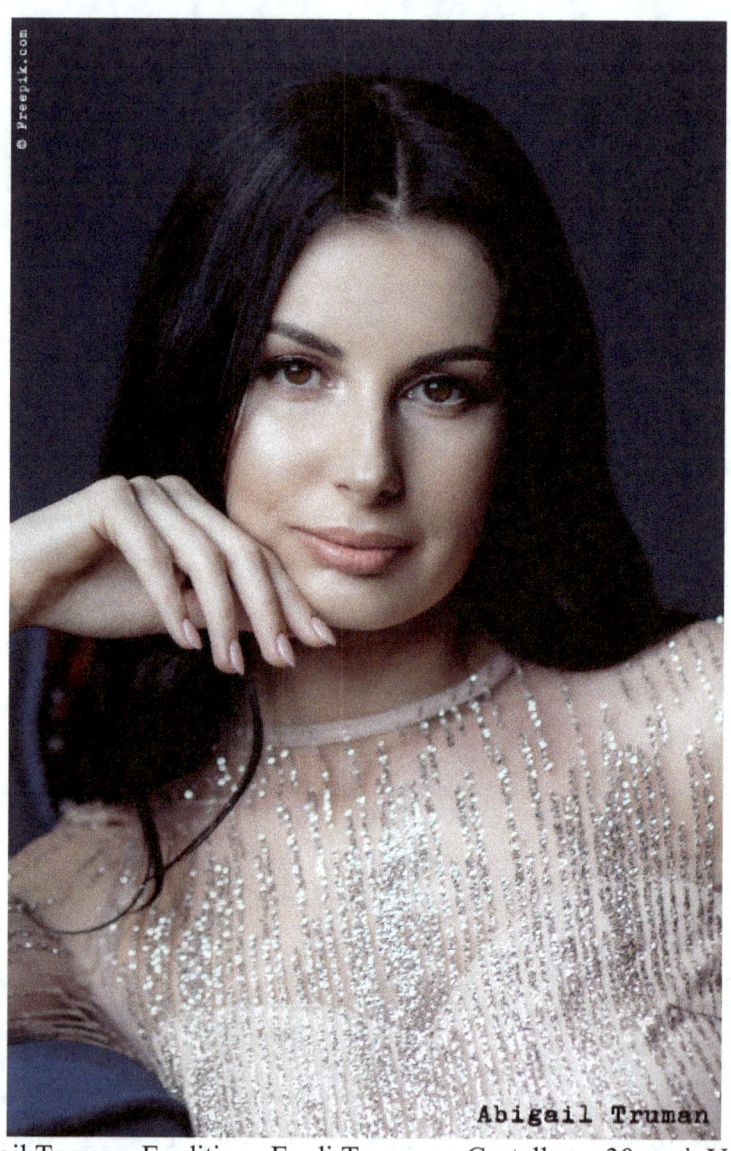

Abigail Truman

Abigail Truman. Ereditiera. Ex di Tommaso Castellano. 30 anni. Vol.2-7

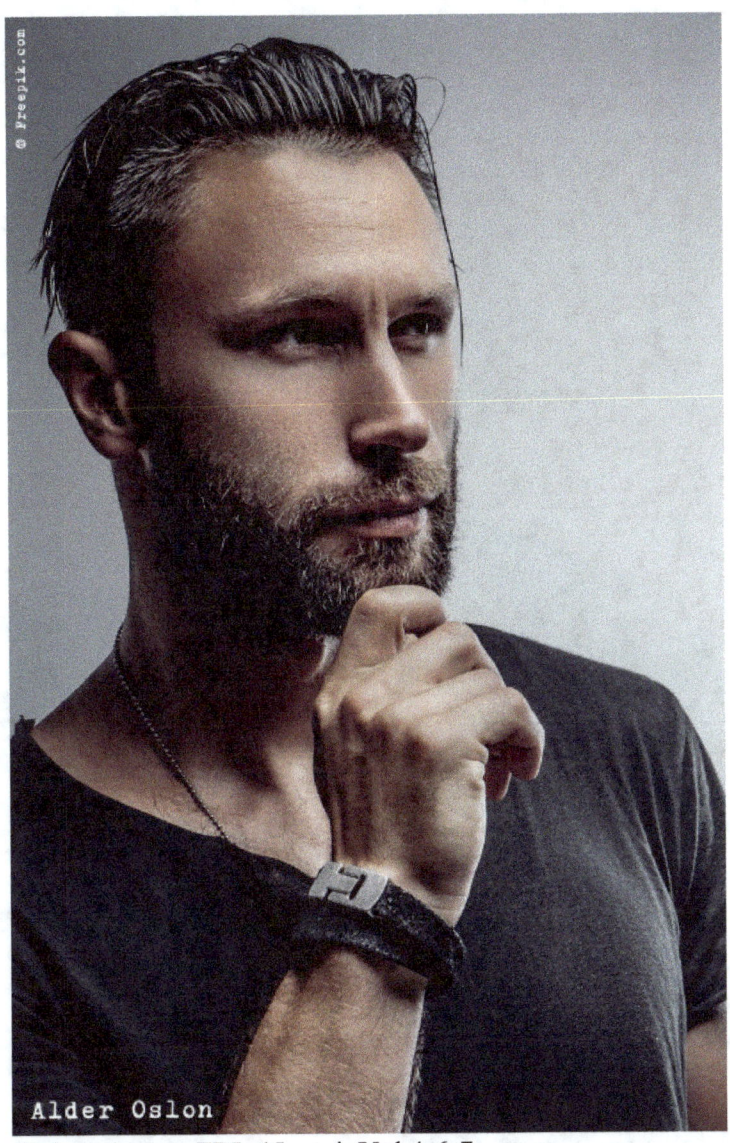

Alder Oslon. Agente FBI. 45 anni. Vol.4-6-7

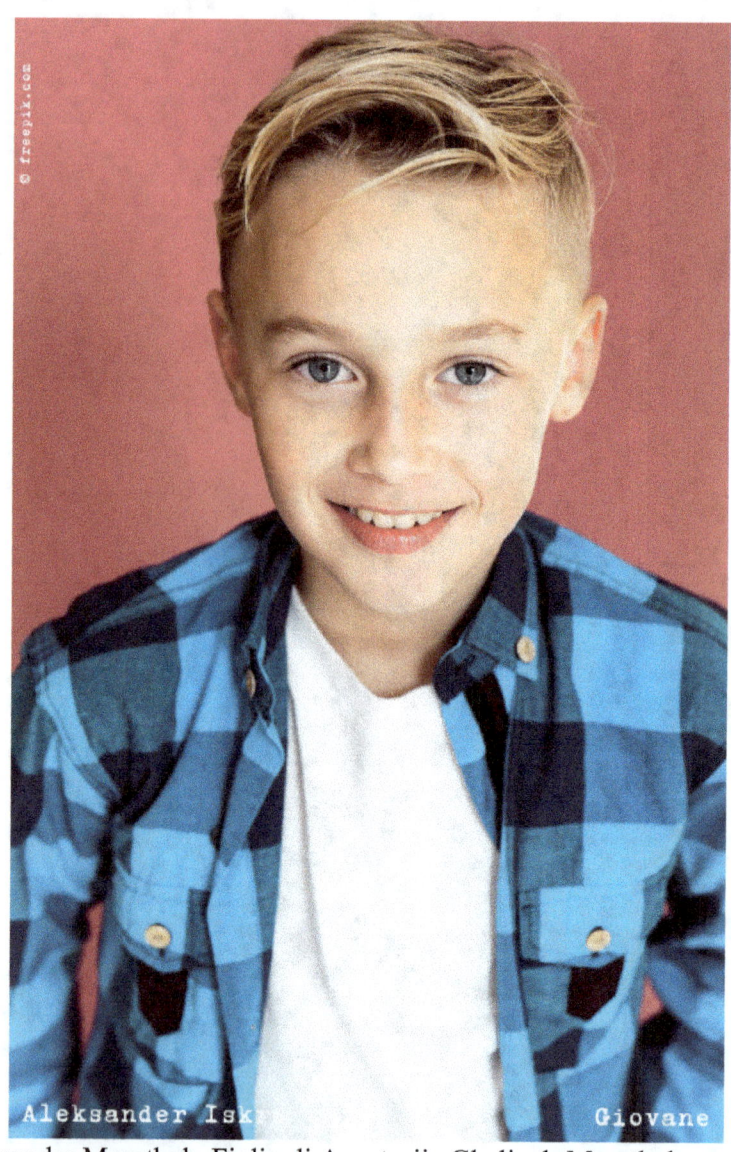

Aleksander Morathok. Figlio di Anastasija Ghaliyah-Morathok e Nikolaj Iskra. 7 anni. Vol.4-6-7

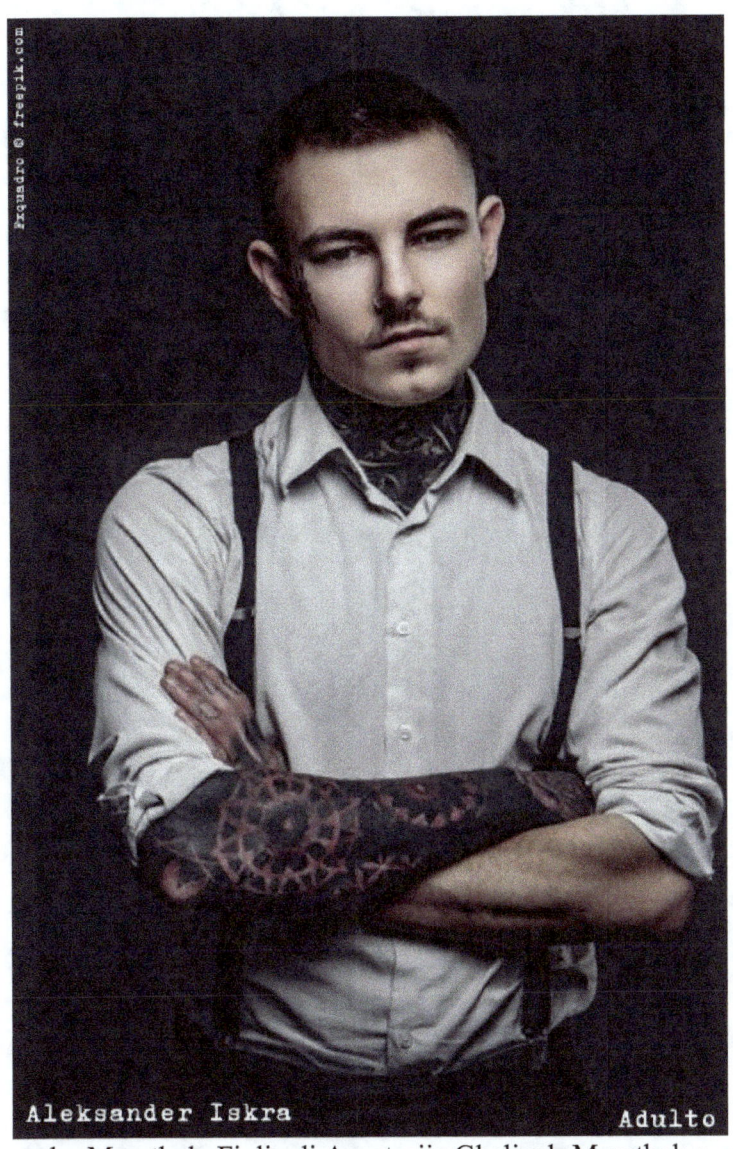

Aleksander Iskra

Adulto

Aleksander Morathok. Figlio di Anastasija Ghaliyah-Morathok e Nikolaj Iskra. 26 anni. Vol.4-6-7

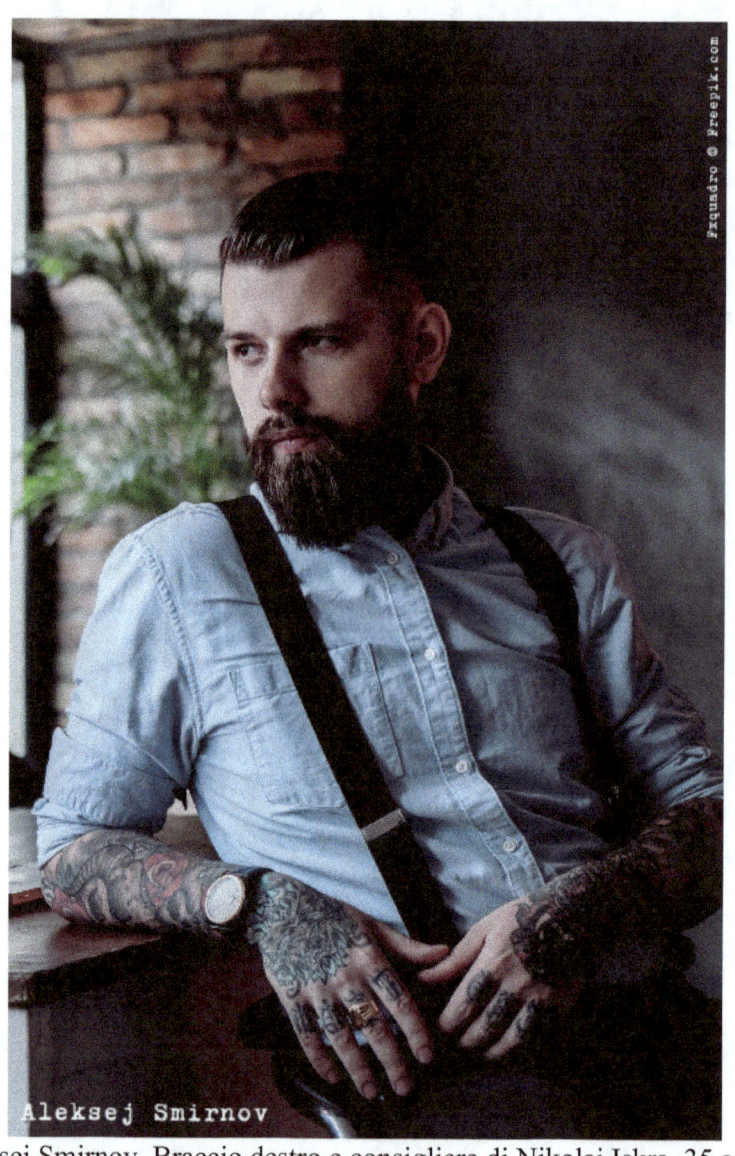

Aleksej Smirnov. Braccio destro e consigliere di Nikolaj Iskra. 35 anni. Vol.2-3-6-7

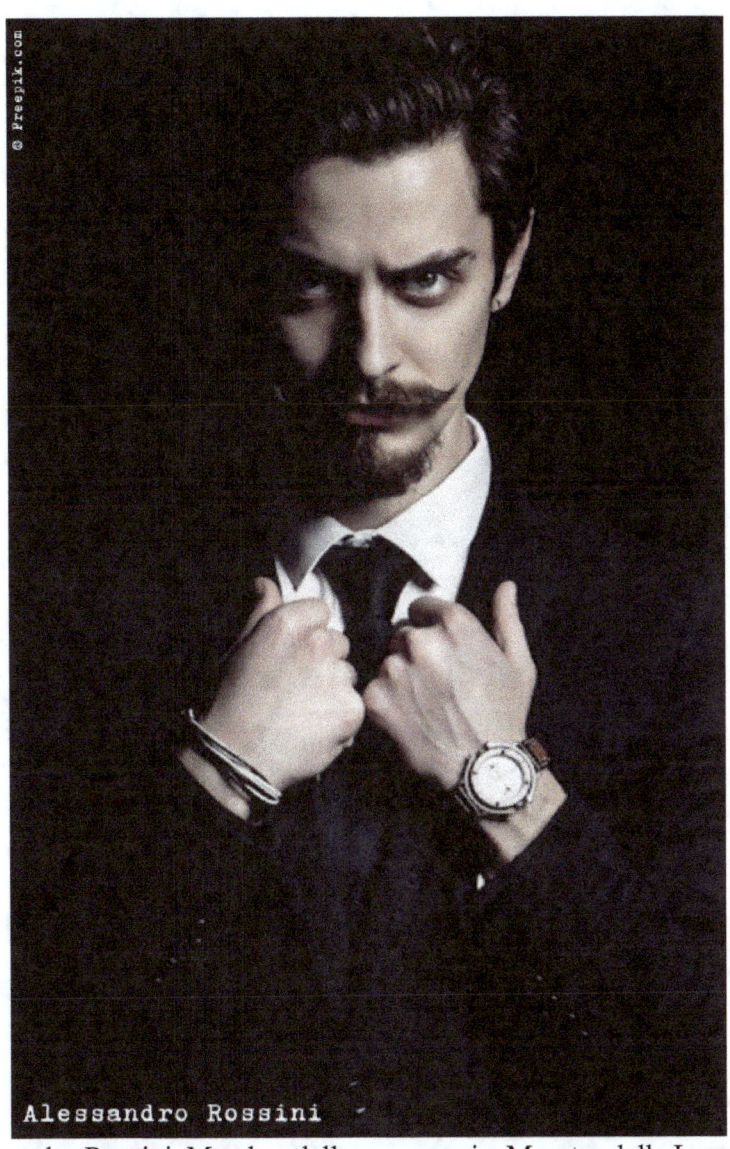

Alessandro Rossini. Membro della massoneria. Maestro delle Logge italiane. Vol.2-6

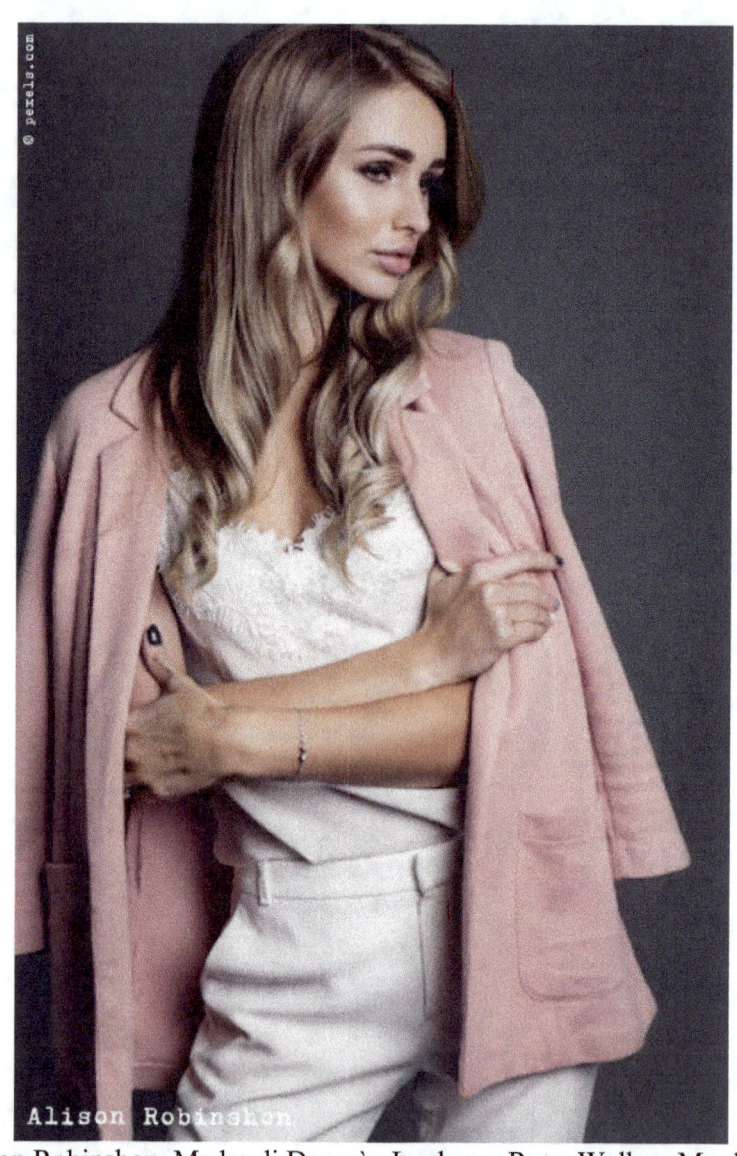

Alison Robinshon. Madre di Deamàn Lochan e Ryan Walker. Moglie di Benjamin Walker. 52 anni. Vol.4

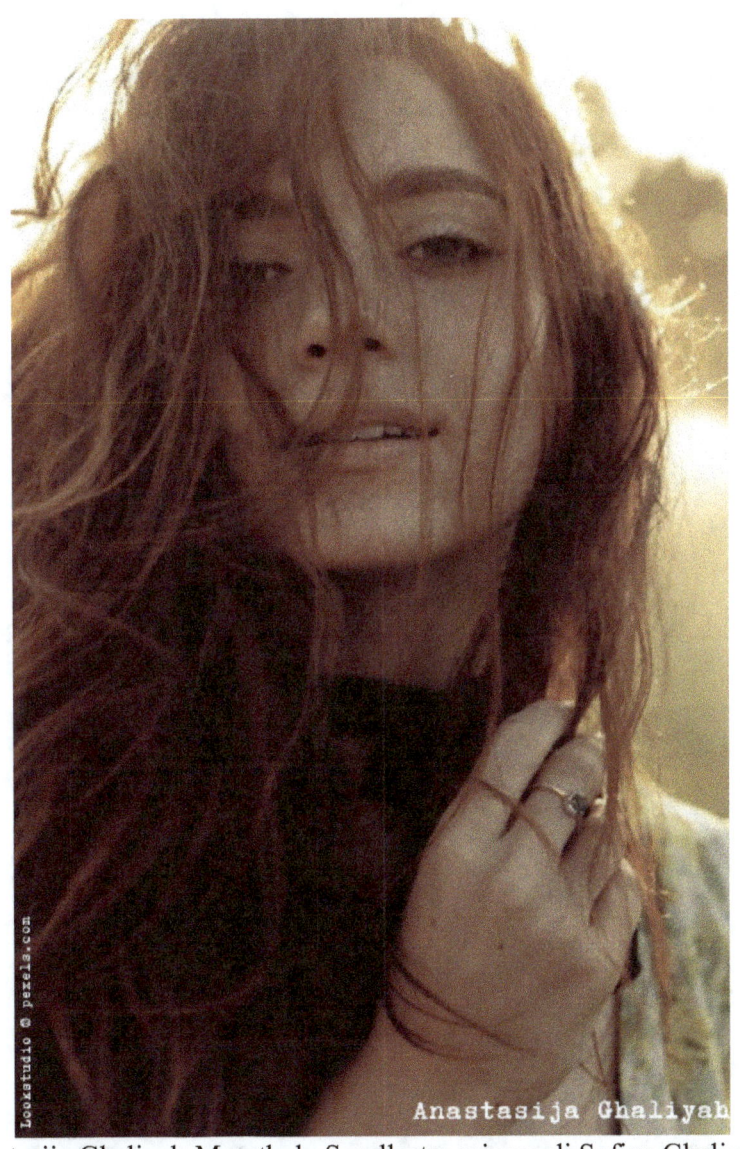

Anastasija Ghaliyah-Morathok. Sorellastra minore di Sofiya Ghaliyah. Zia di Maksim Iskra. Madre di Aleksander. 24 anni. Vol.2-3-4-6-7

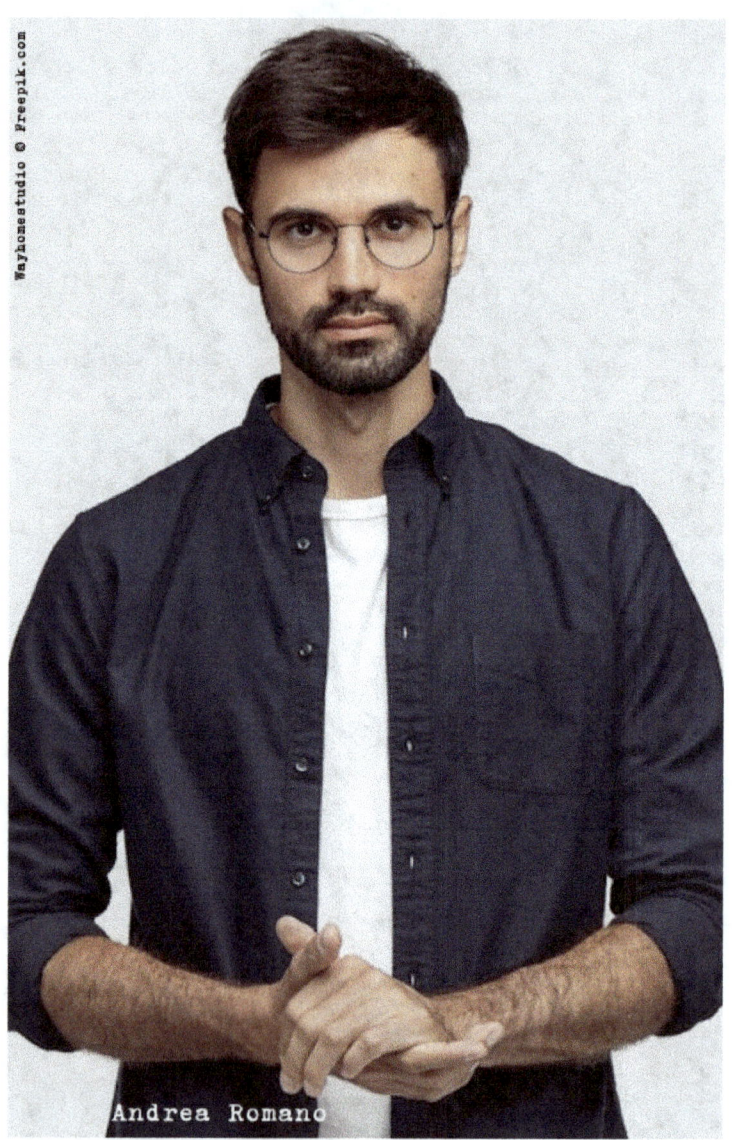

Andrea Romano

Andrea Romano. Hacker Famiglia Castellano. Fratello di Roberto (Ministro della Famiglia), Noha, Aron, Romeo, Ernesto e Daniel (Vicepresidente Gruppo Lochan e migliore amico Deamàn Lochan). 35 anni. Vol.1-2-3-4-6-7

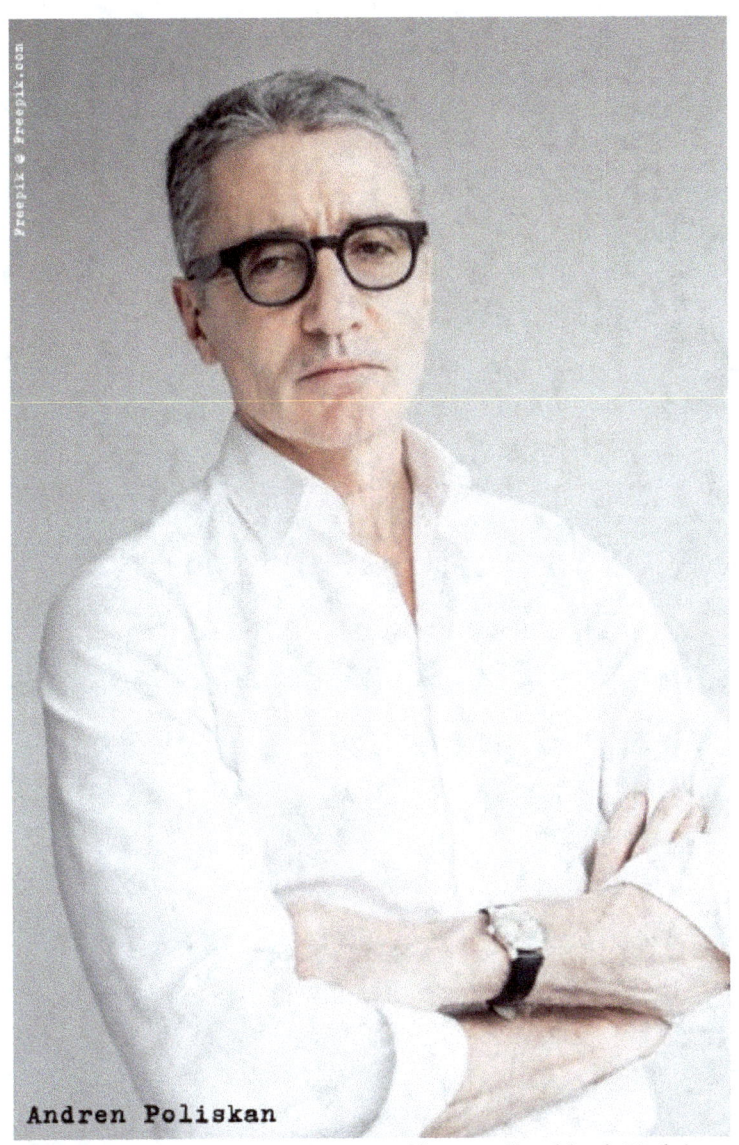

Andren Poliskan

Andren Poliskan. Magnante russo. Trafficante di schiavi. Vol.4

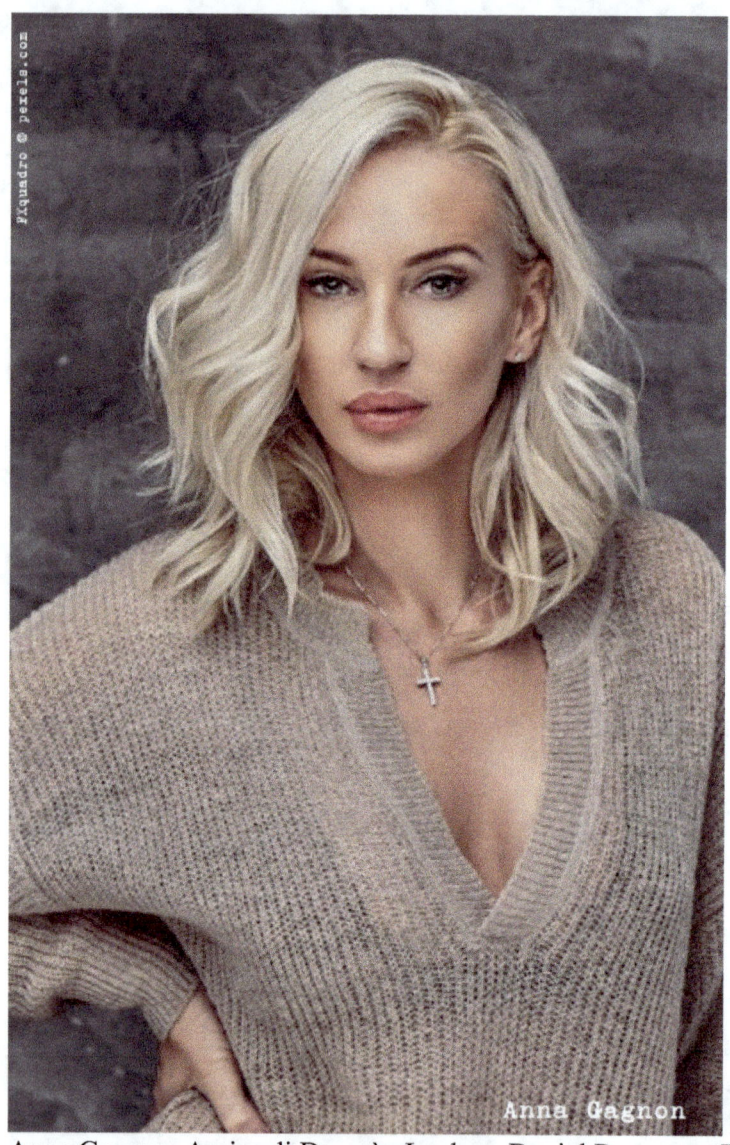

Anna Gagnon. Amica di Deamàn Lochan, Daniel Romano e Ryan Walker. Figlia del Senatore Gagnon. Vol.4

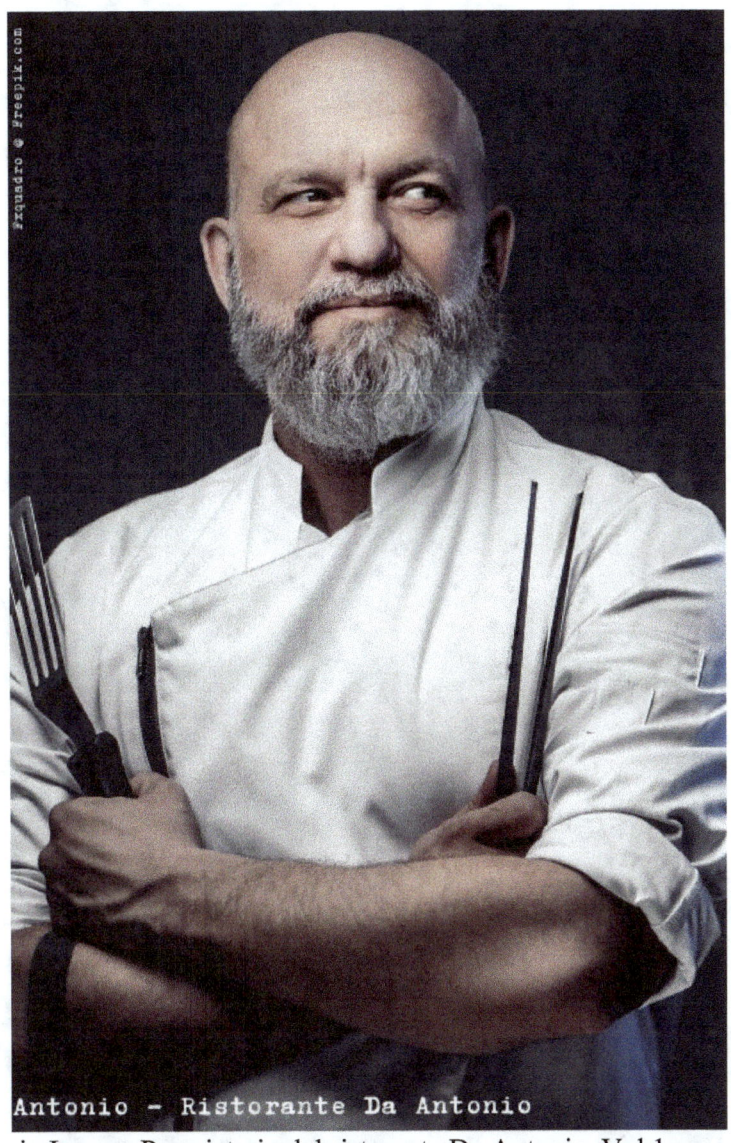

Antonio Longo. Proprietario del ristorante Da Antonio. Vol.1

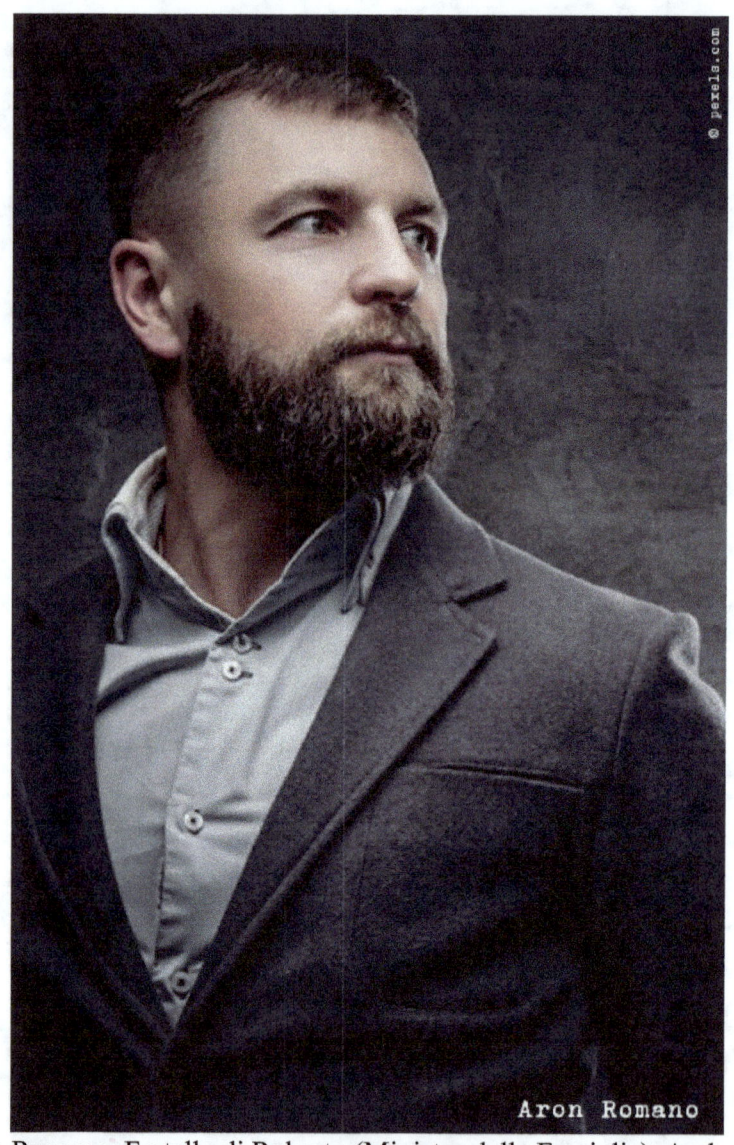

Aron Romano

Aron Romano. Fratello di Roberto (Ministro della Famiglia), Andrea - (Hacker della Famiglia), Noha, Romeo, Ernesto e Daniel (Vicepresidente Gruppo Lochan). 42 anni. Vol.4

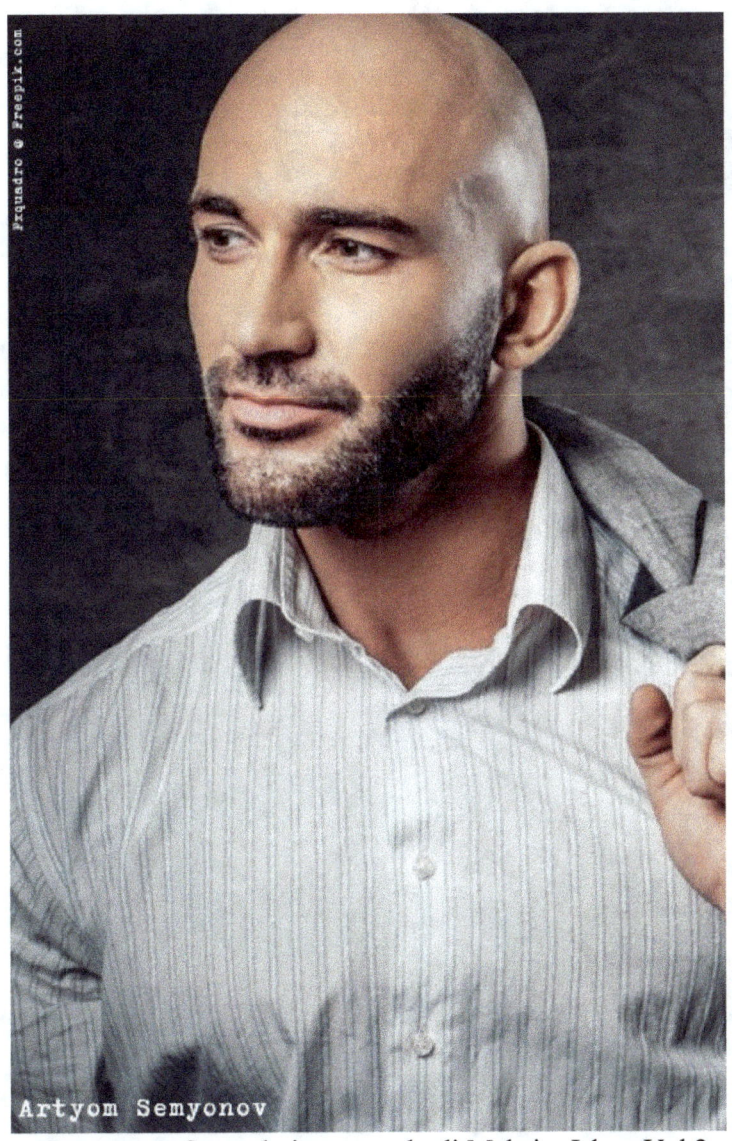

Artyom Semyonov. Secondo in comando di Maksim Iskra. Vol.2

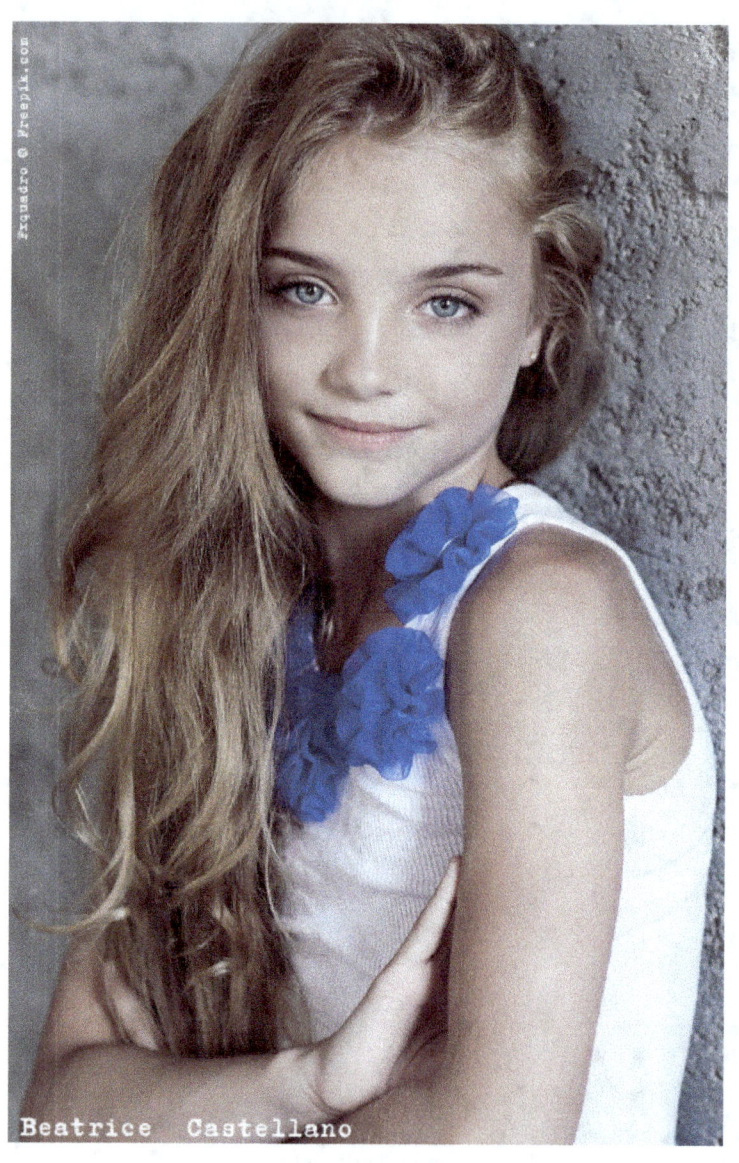

Beatrice Castellano

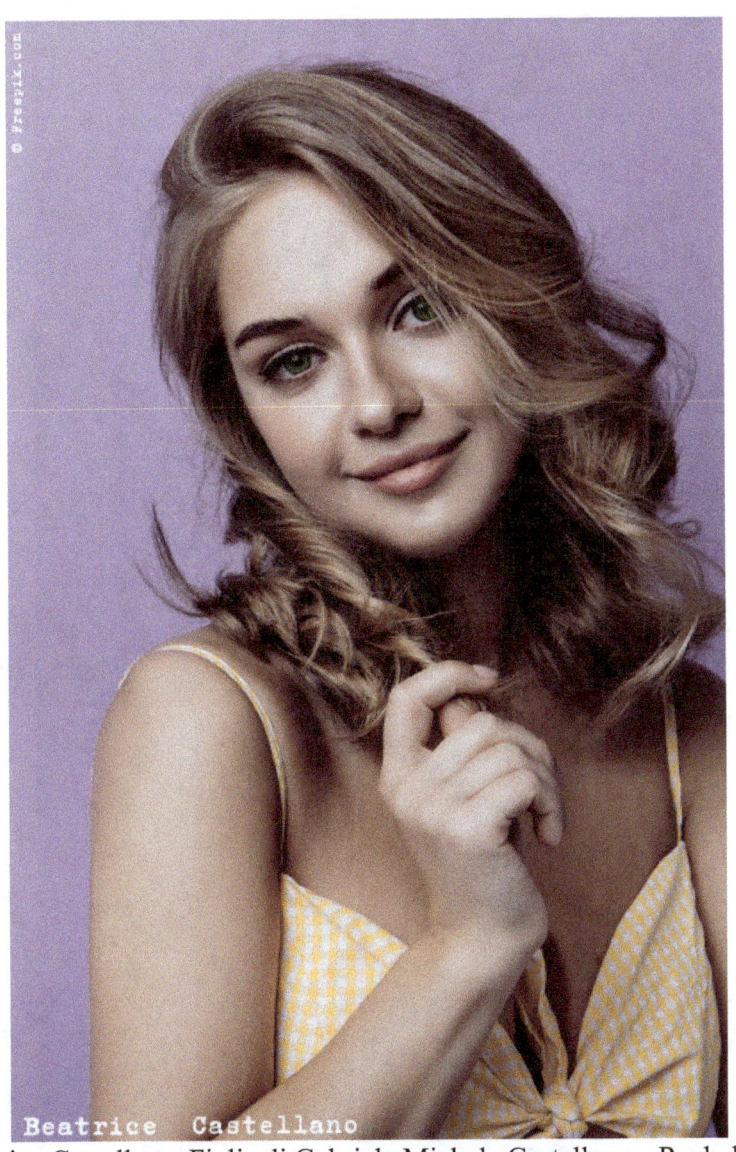

Beatrice Castellano. Figlia di Gabriele Michele Castellano e Rachel Lombardo. Gemella di Michele Castellano. Vol.7

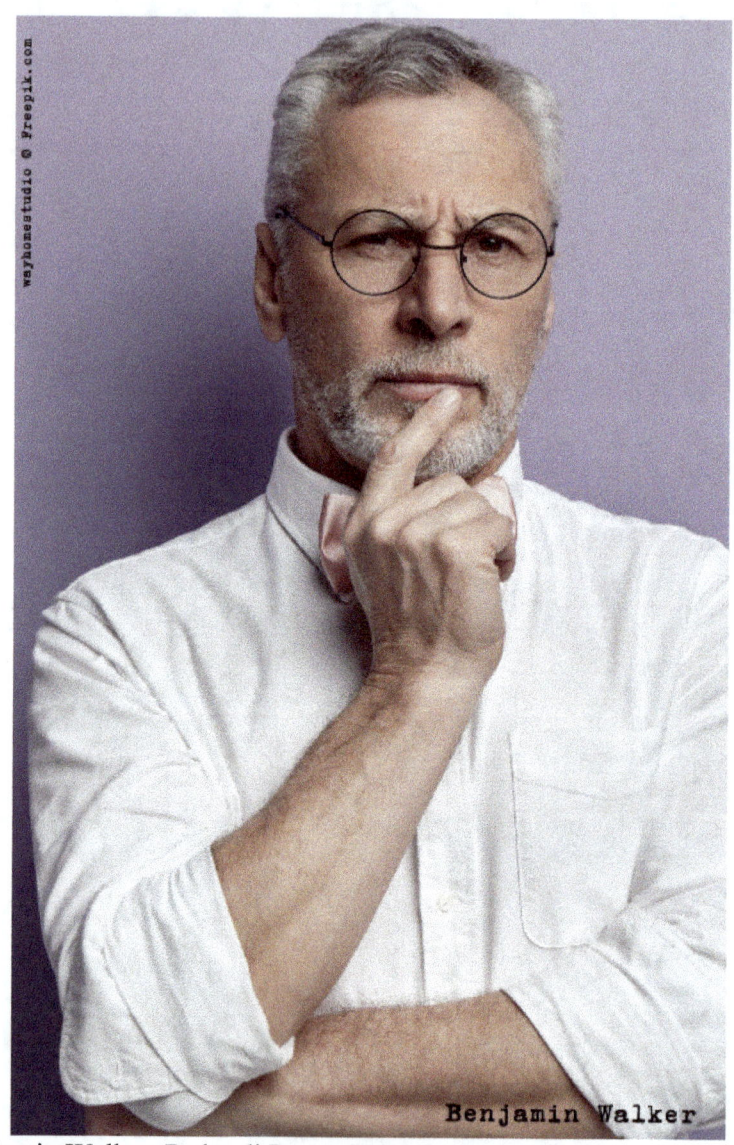

Benjamin Walker

Benjamin Walker. Padre di Ryan. Secondo marito di Alison. Patrigno di Deamàn Lochan. Gestisce la sede di Chicago della Lochan. Vol.4

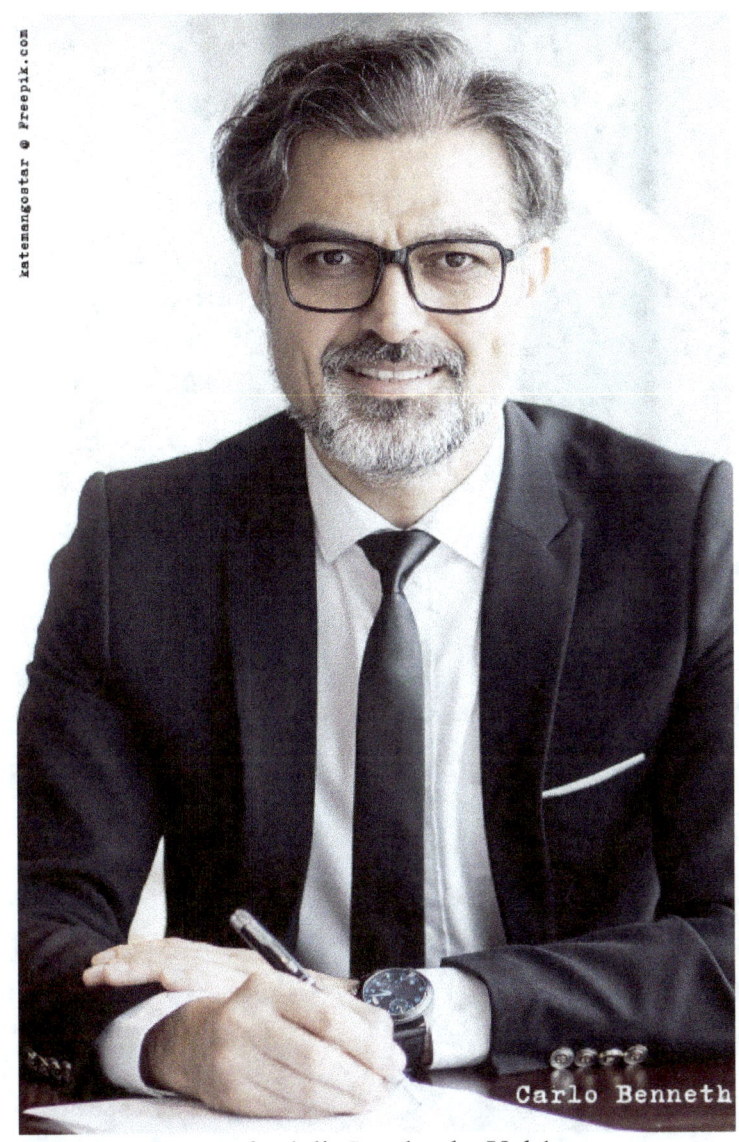

Carl Benneth. Avvocato famiglia Lombardo. Vol.1

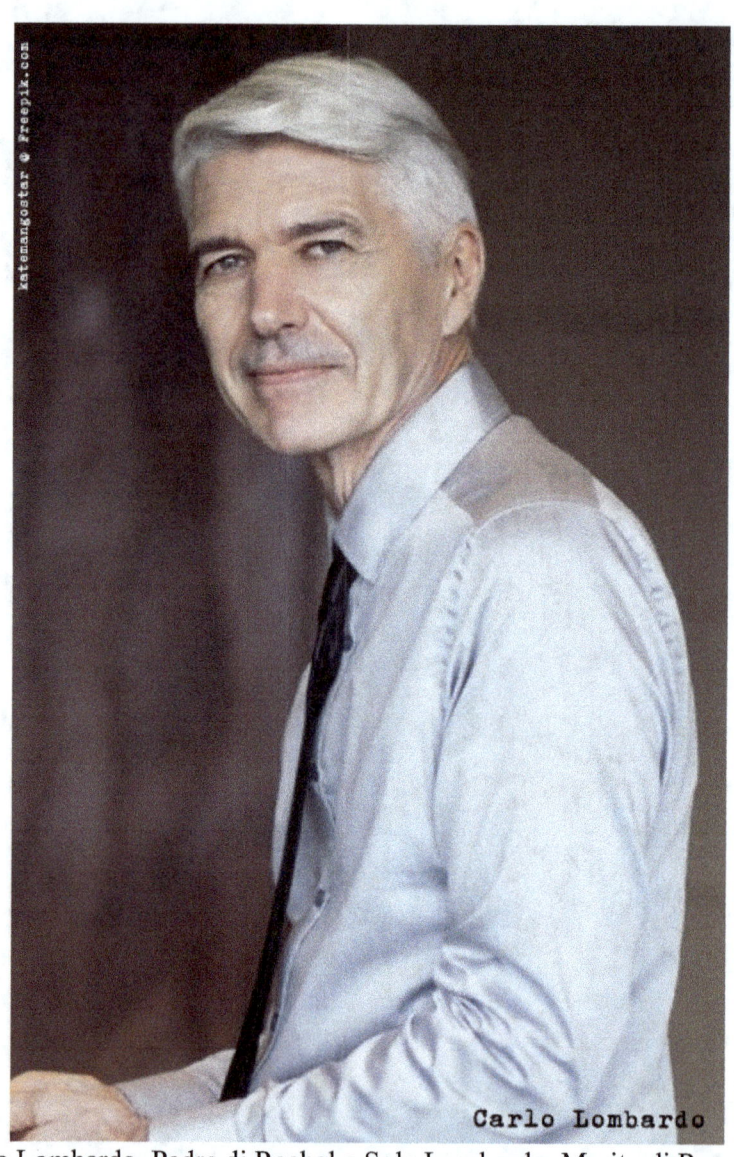

Carlo Lombardo

Carlo Lombardo. Padre di Rachel e Sole Lombardo. Marito di Rose
Silvestri. Fratello maggiore di Luca Lombardo. Figlio di Vincenzo
Lombardo e Maria Filippini. Morto nel 2022 a 57 anni.
Defunto.Vol.1-2-3

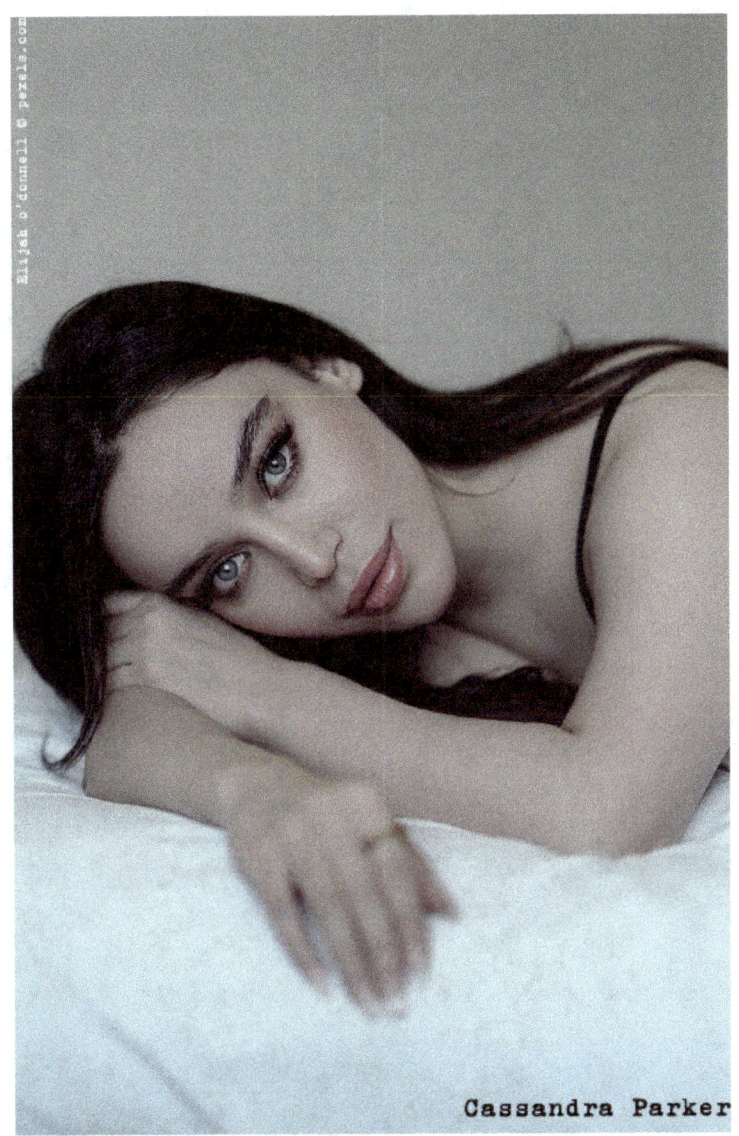

Cassandra Parker

Cassandra Parker. Ladra. Membro della Famiglia Castellano. 23 anni.
Vol.2-4-6

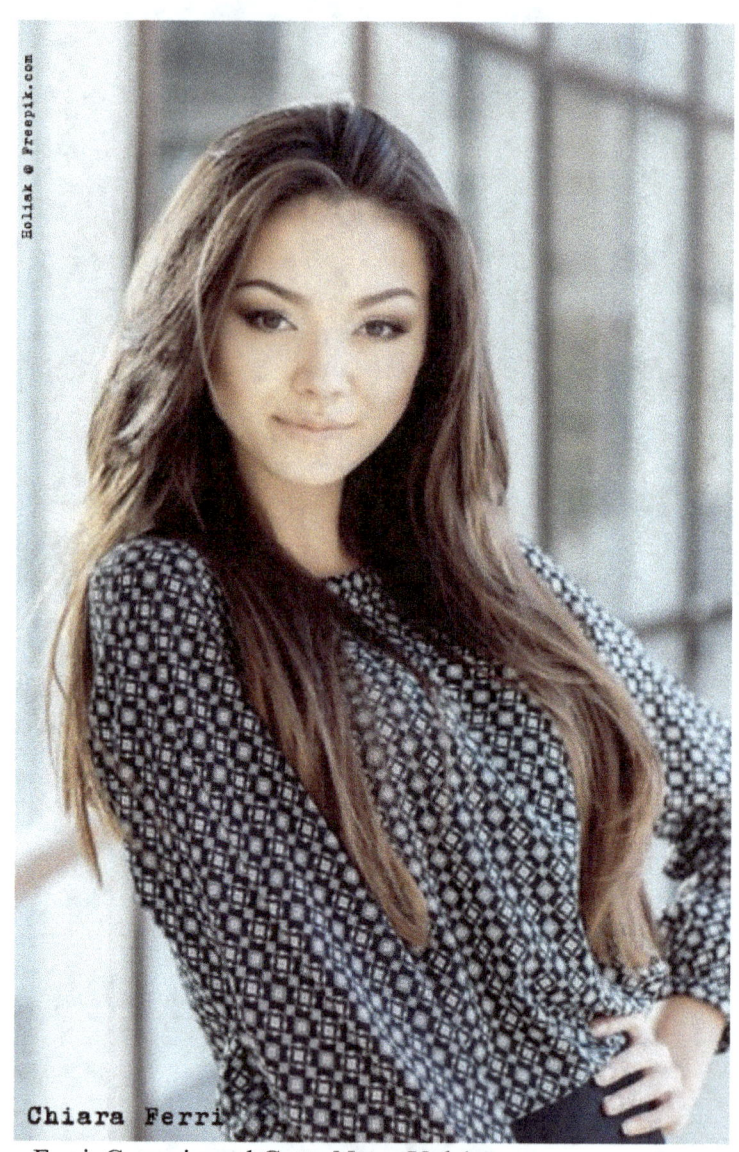

Chiara Ferri. Cameriera al Gatto Nero. Vol.1

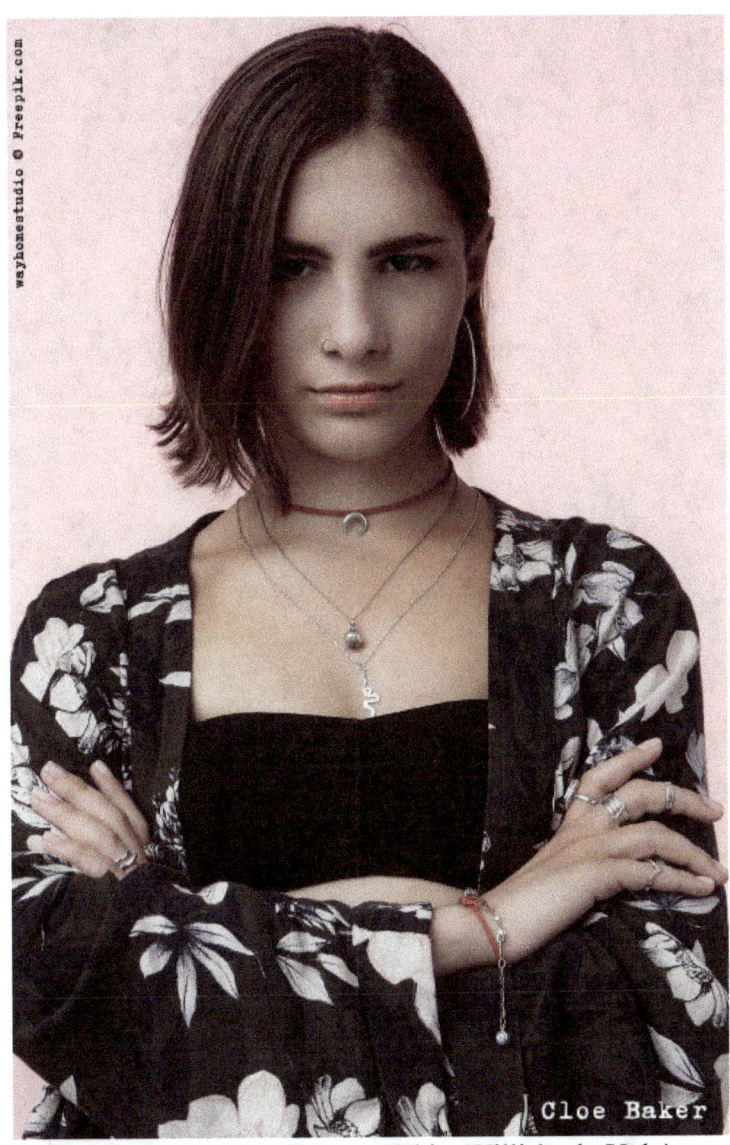

Cloe Baker

Cloe Baker. Migliore amica di Snow White Willisburh. Vol.4

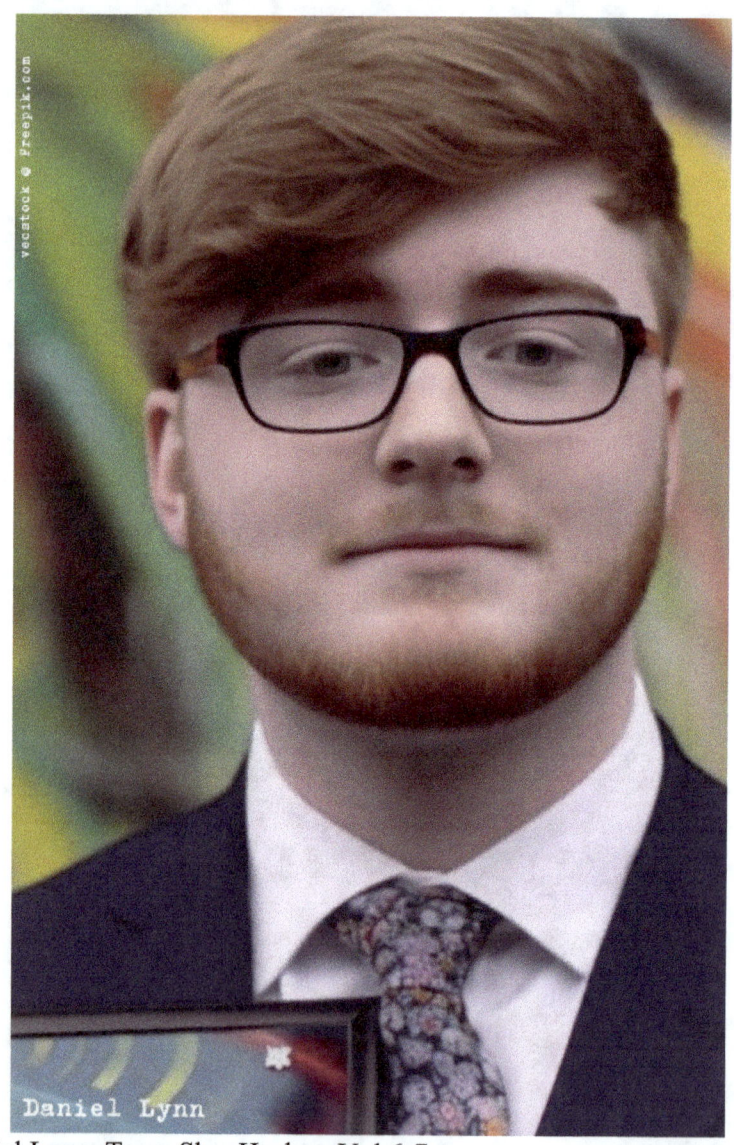

Daniel Lynn. Team Sky. Hacker. Vol.6-7

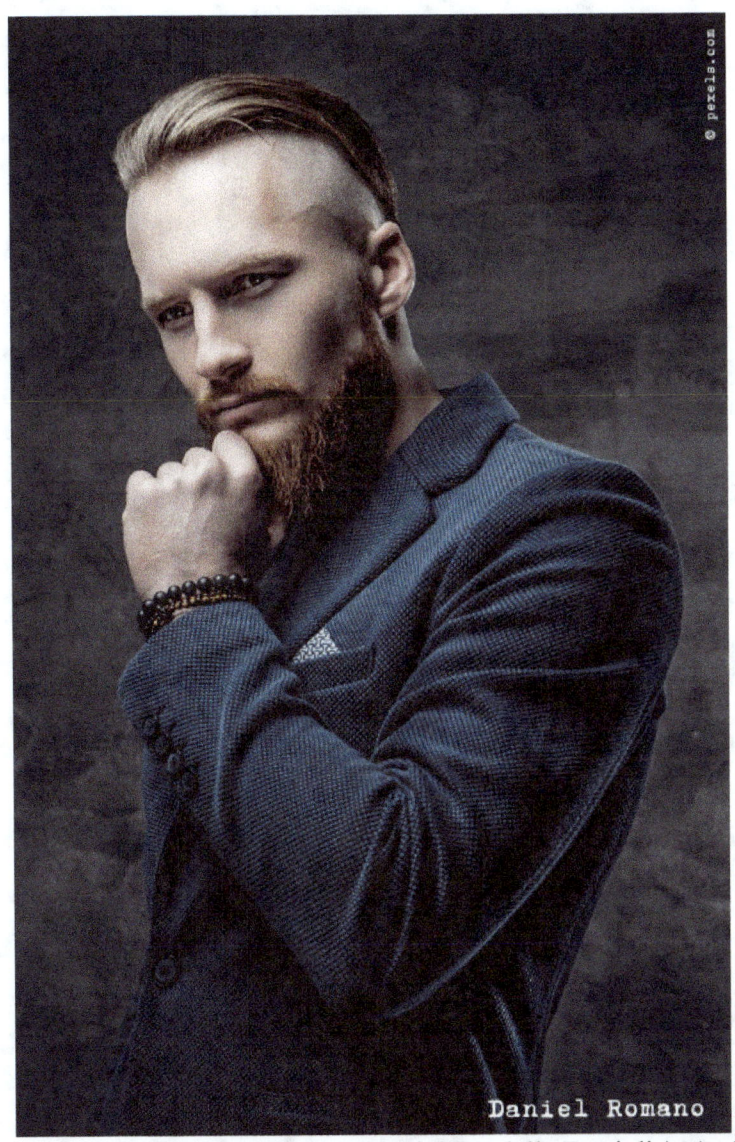

Daniel Romano. Fratello di Roberto (Ministro della Famiglia), Andrea - (Hacker della Famiglia), Noha, Aron, Romeo ed Ernesto. 39 anni. Vol.4

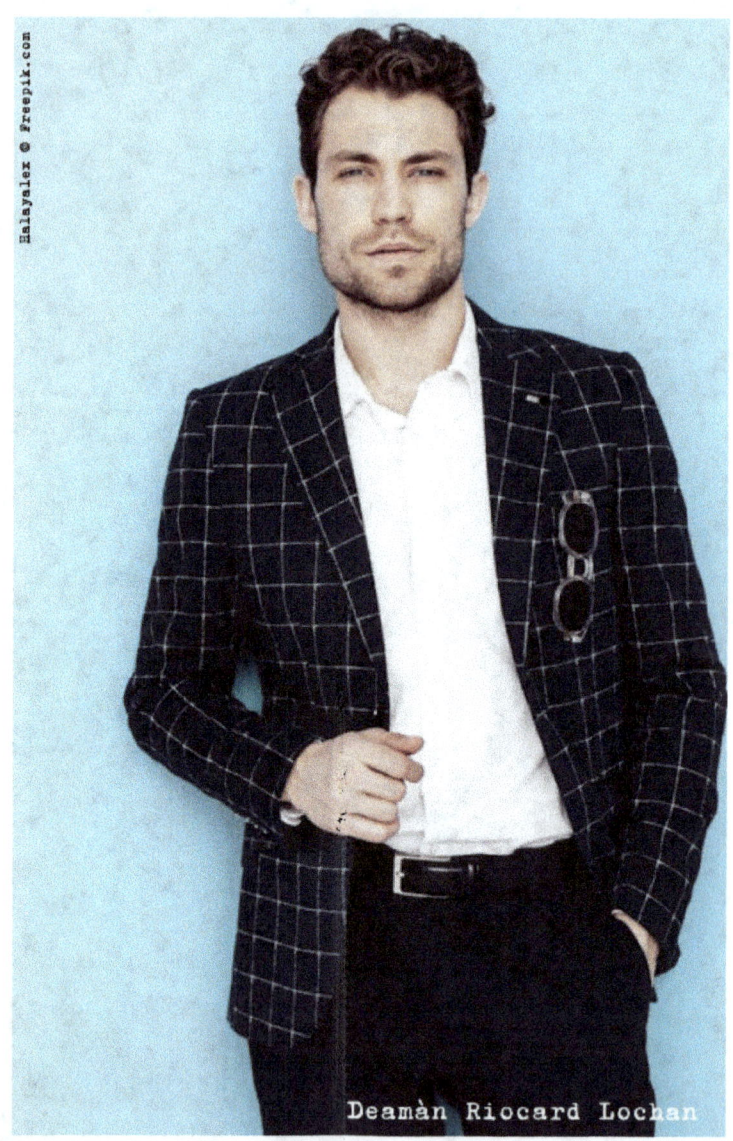

Deamàn Riocard Lochan

Deamàn Riocard Lochan. CEO Gruppo Lochan. Membro della Famiglia. Figlio di Alison Robinshon e Mason Lochan. Fidanzato di Snow White Willisburh. 39 anni. Vol.2-3-4-6-7

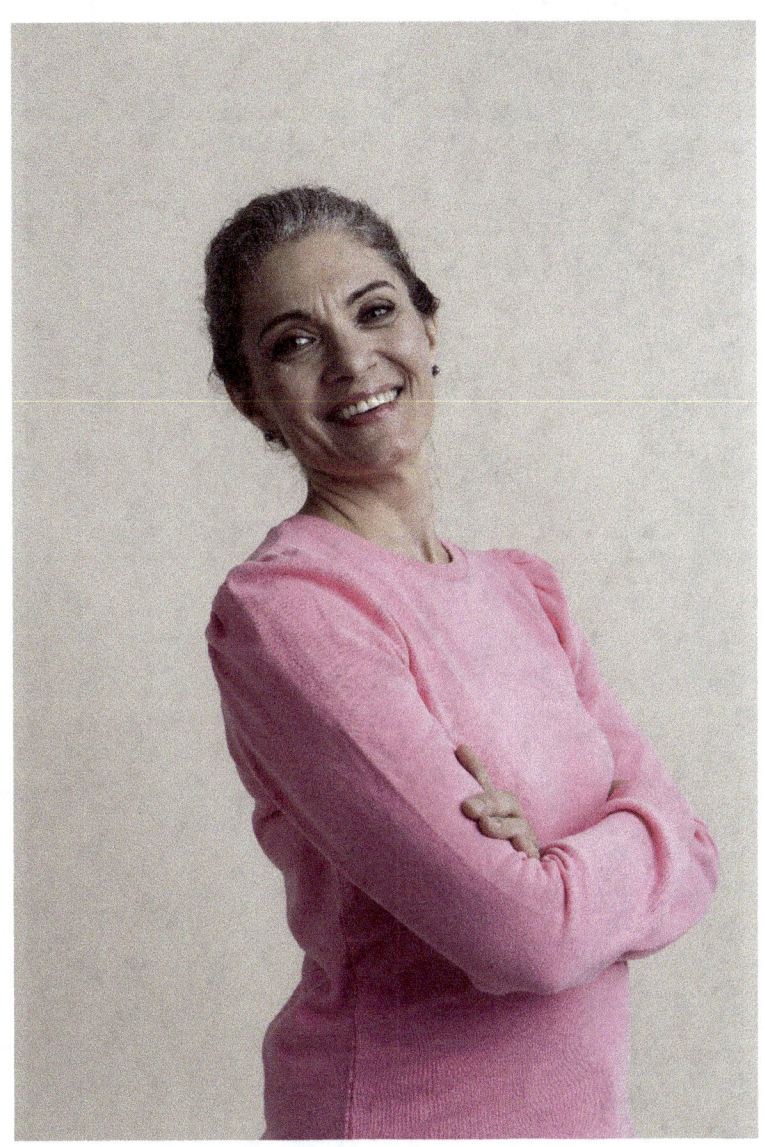

Dolores Nensihy. Madre di Michael Brown. Vol.3-6-7

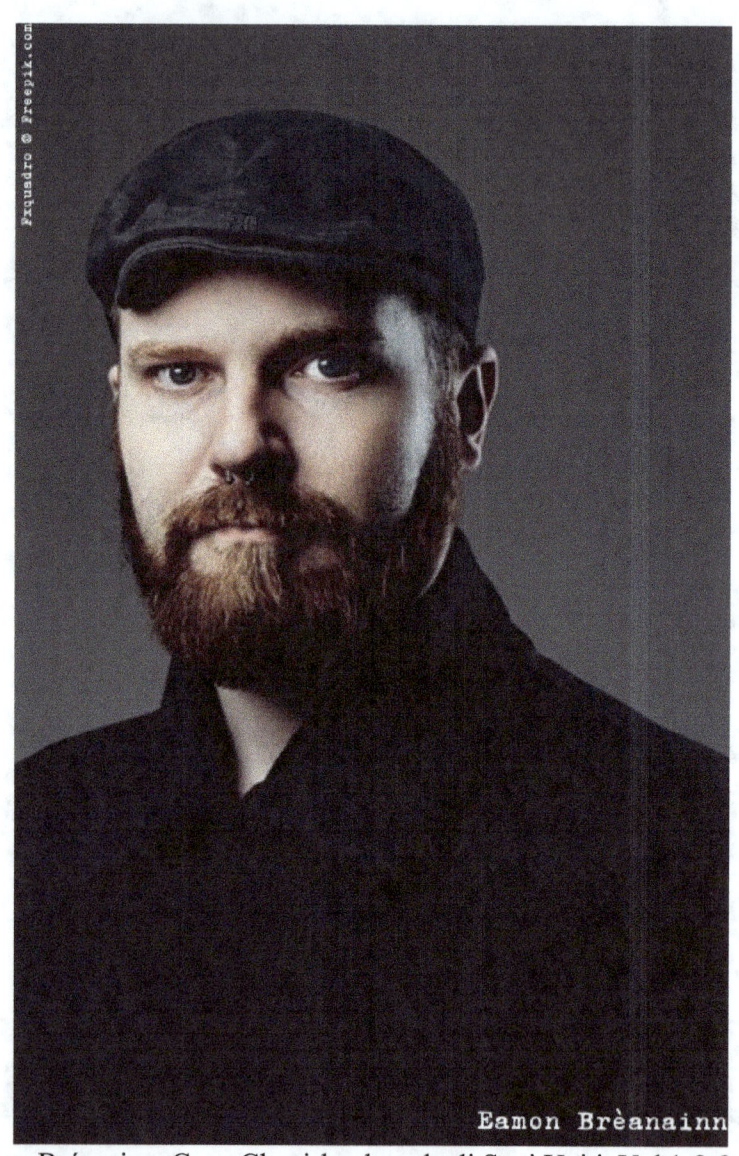

Eamon Bréanainn. Capo Clan irlandese degli Stati Uniti. Vol.1-2-3-4-6-7

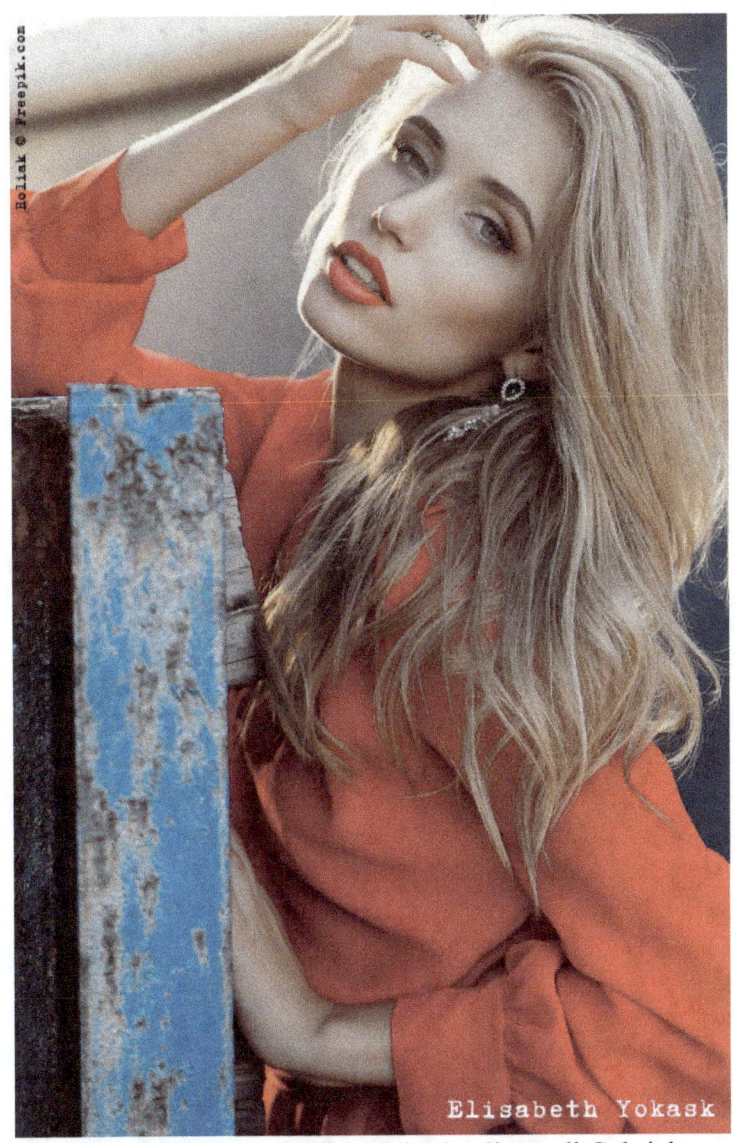

Elisabeth Yokask. Figlia di Collins Yokask, alleato di Gabriele
Castellano. Ex amante di Gabriele Castellano. Vol.1-2

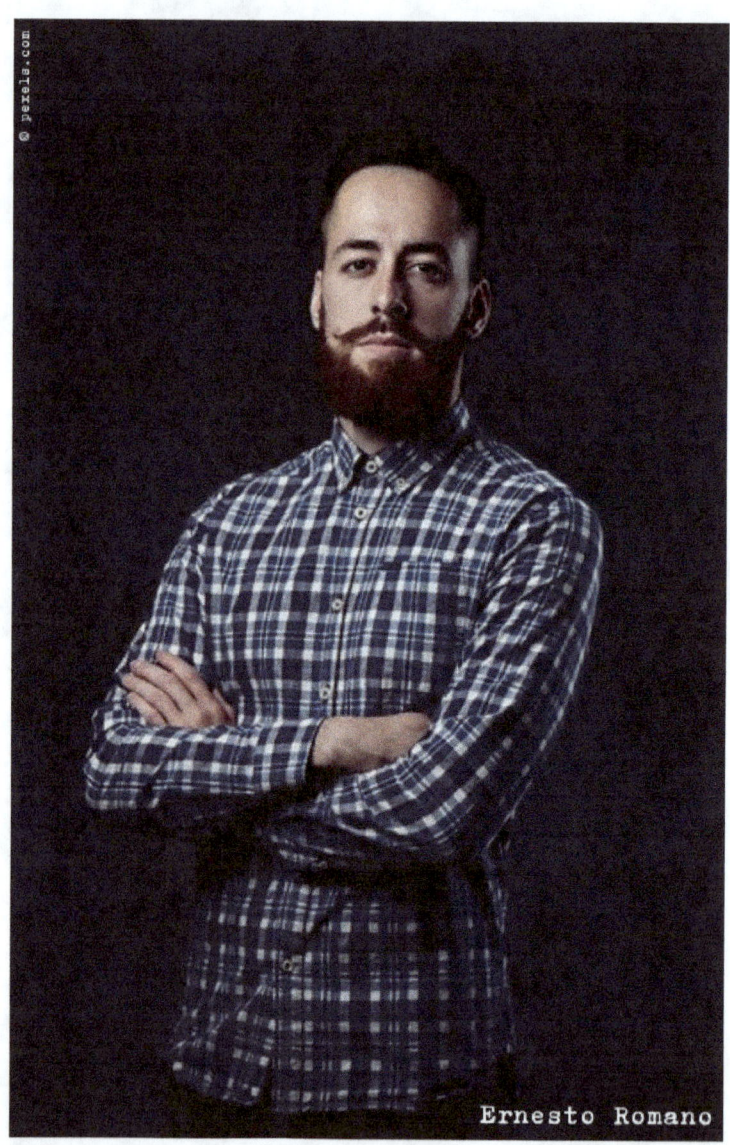

Ernesto Romano

Ernesto Romano. Fratello di Roberto (Ministro della Famiglia), Andrea (Hacker della Famiglia), Noha, Aron, Romeo e Daniel (Vicepresidente Gruppo Lochan). 37 anni. Vol.4

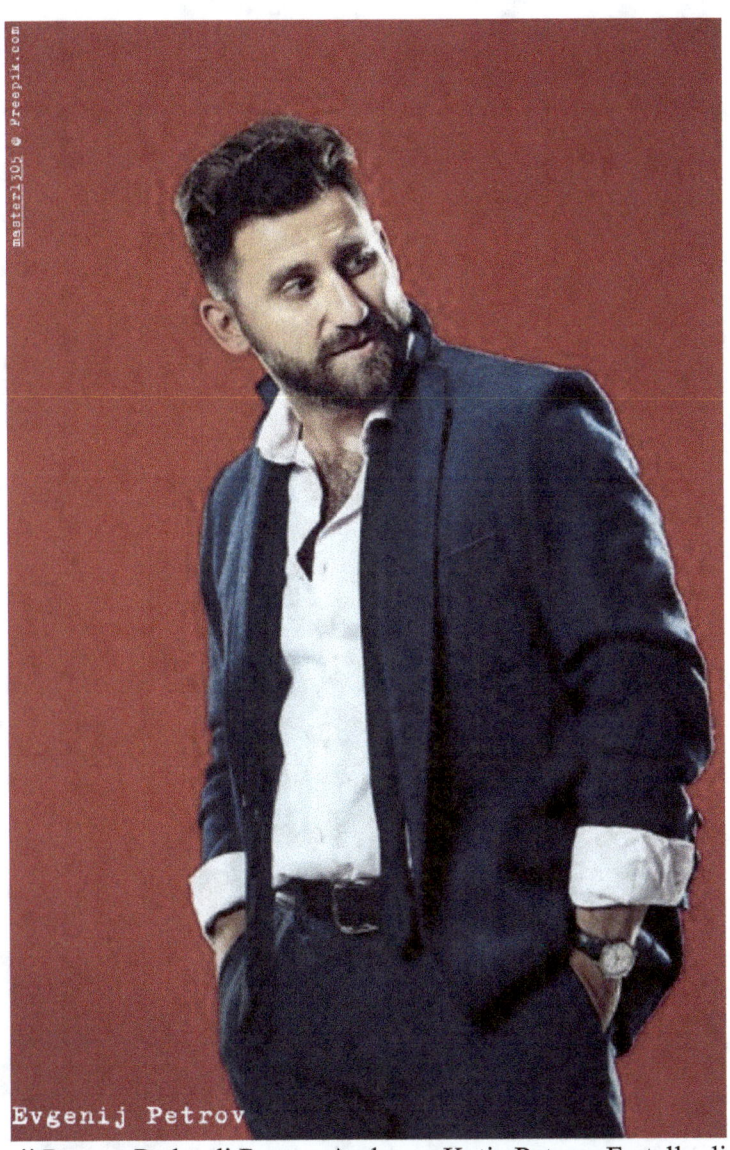

Evgenij Petrov

Evgenij Petrov. Padre di Raven, Andrey e Katja Petrov. Fratello di Roman Petrov. Marito di Ludmilla Khotashan e Svetlana Nathash. Vol.6-7

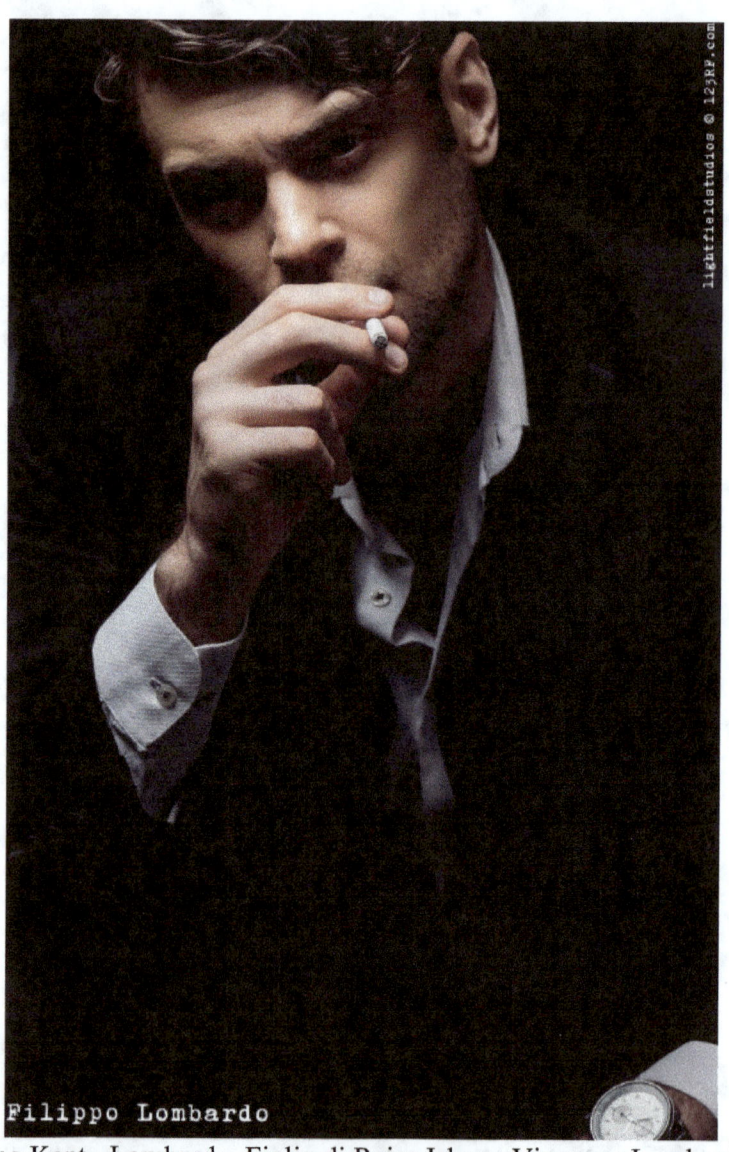

Filippo Lombardo

Filippo Kent - Lombardo. Figlio di Raisa Iskra e Vincenzo Lombardo.
Figlio adottivo di Jhaden Kent e Tracy Hungher. Fratello gemello di
Raphael. Zio di Rachel e Sole Lombardo. Fratellastro di Gabriele e
Tommaso Castellano. Fratellastro di Carlo e Luca Lombardo. Cugino di
Nikolaj e Maksim Iskra. 36 anni. Fidanzato di Katherine Pottemanh.36
anni. Vol.1-2-3-4-5-6-7

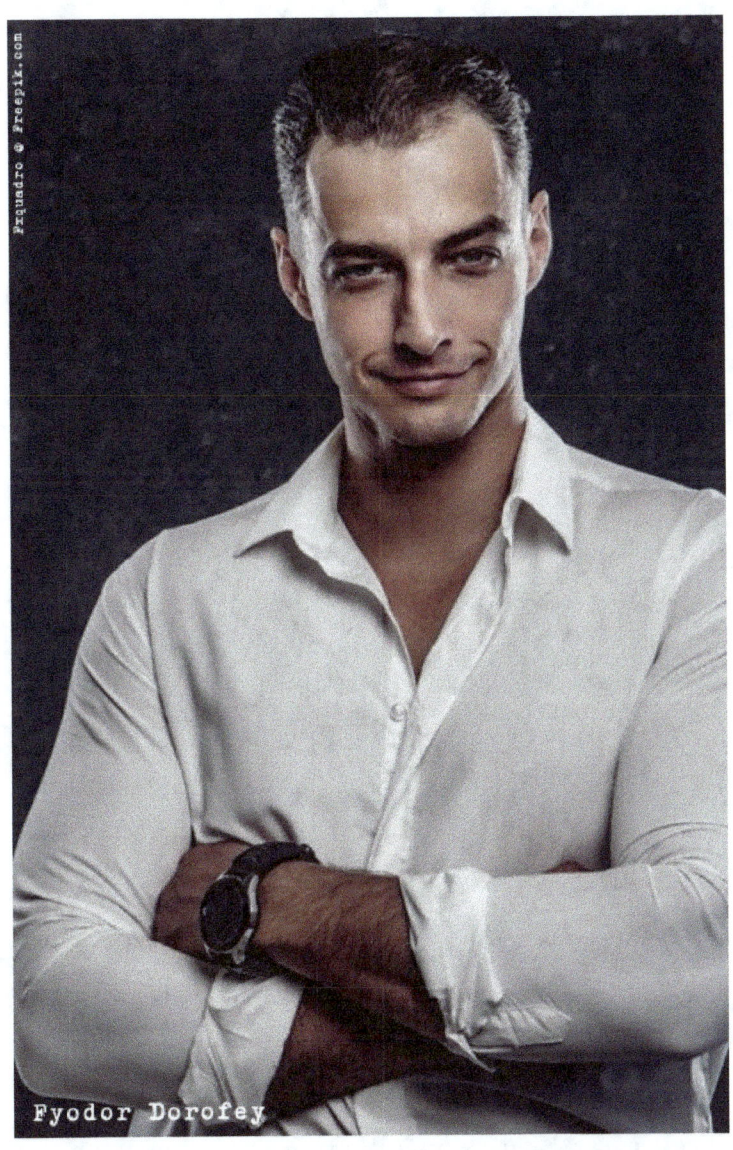

Fyodor Dorofey. Addestratore al servizio di Vadim Yaropolk. Vol.6

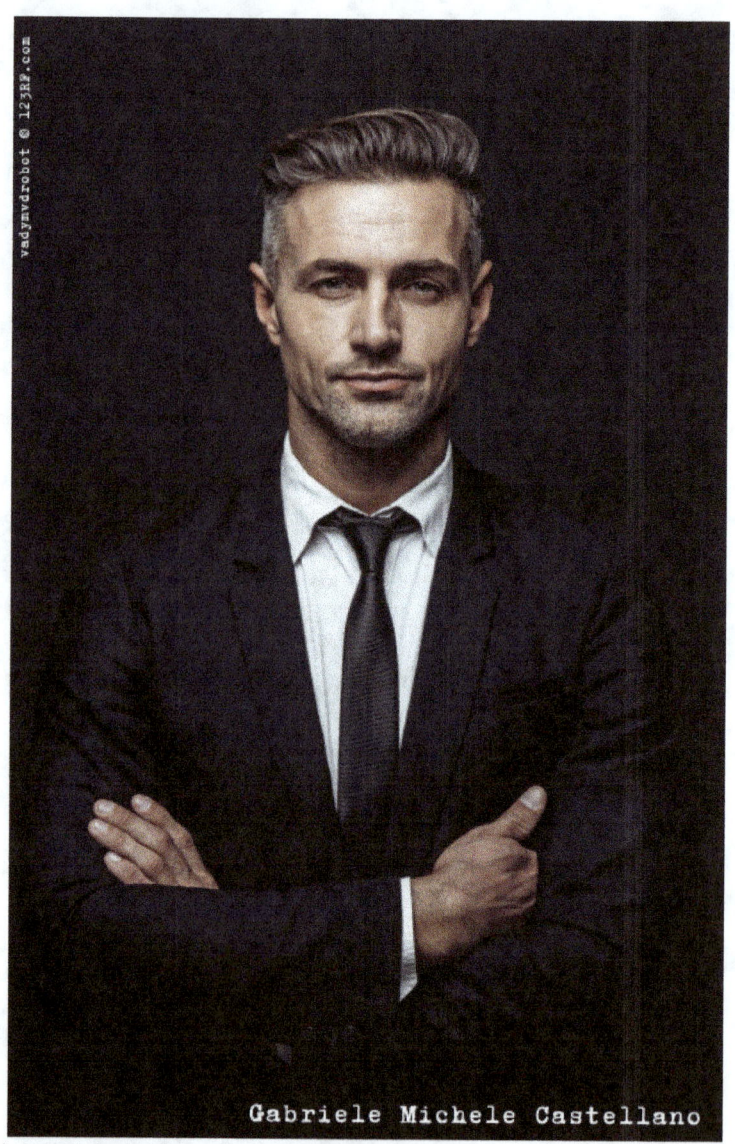

Gabriele Michele Castellano

Gabriele Michele Castellano. Figlio di Vittorio Castellano e Raisa Iskra. Fratello maggiore di Tommaso Enrico Castellano. Fratellastro di Ivan Prokhor, Raphael e Filippo Lombardo. Fratellastro di Michael Brown. Cugino di Nikolaj e Maksim Iskra. Cugino di Luck e Matteo Castellano. Nipote di Roberto e Meredith Castellano. Marito di Rachel Lombardo. Padrino della Famiglia. 40 anni.

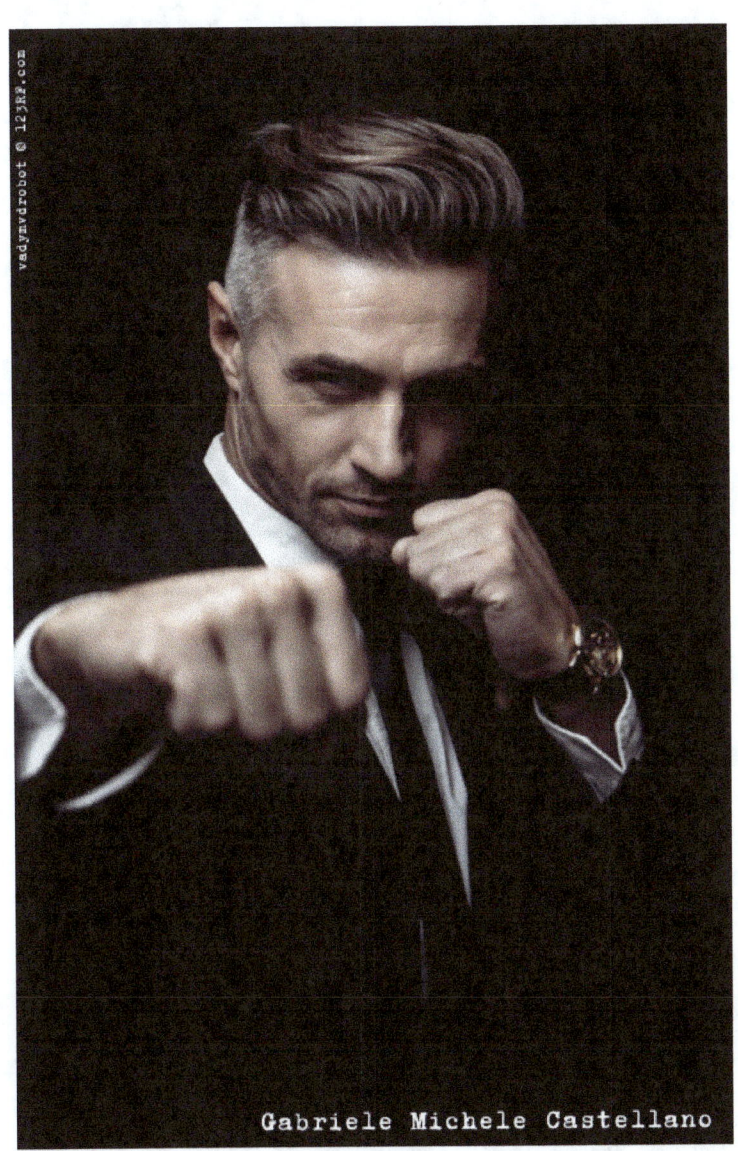

Gabriele Michele Castellano

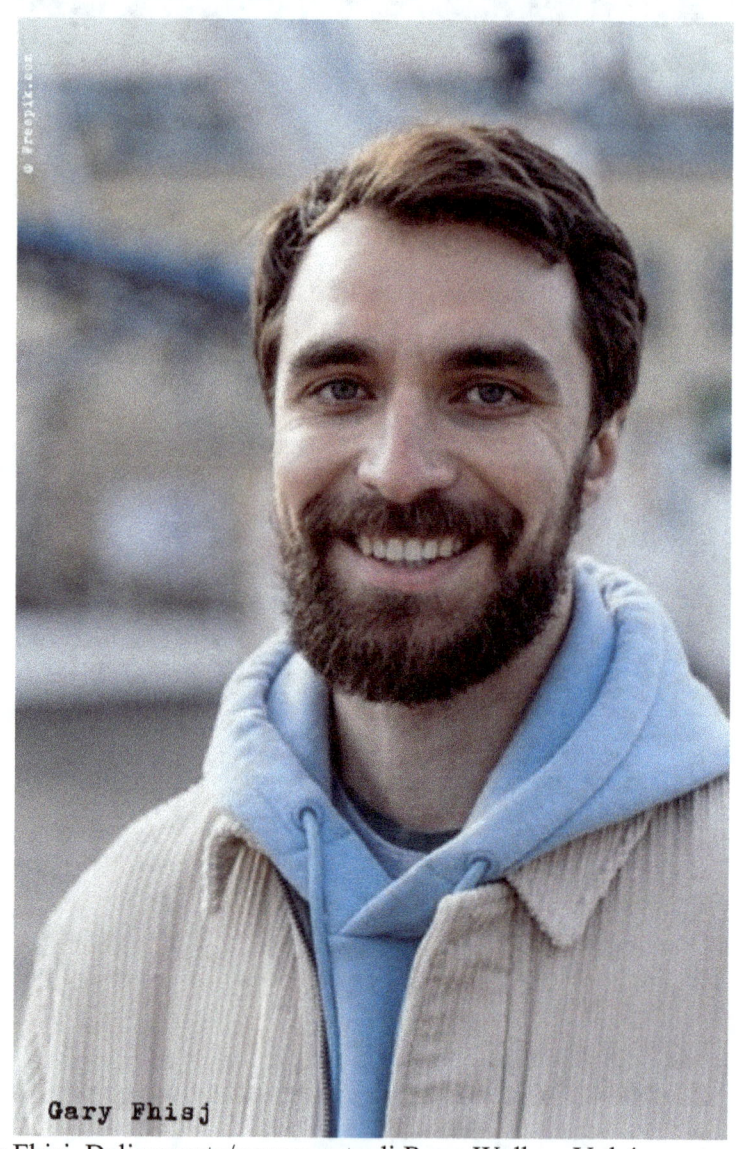

Gary Fhisj. Delinquente/conoscente di Ryan Walker. Vol.4

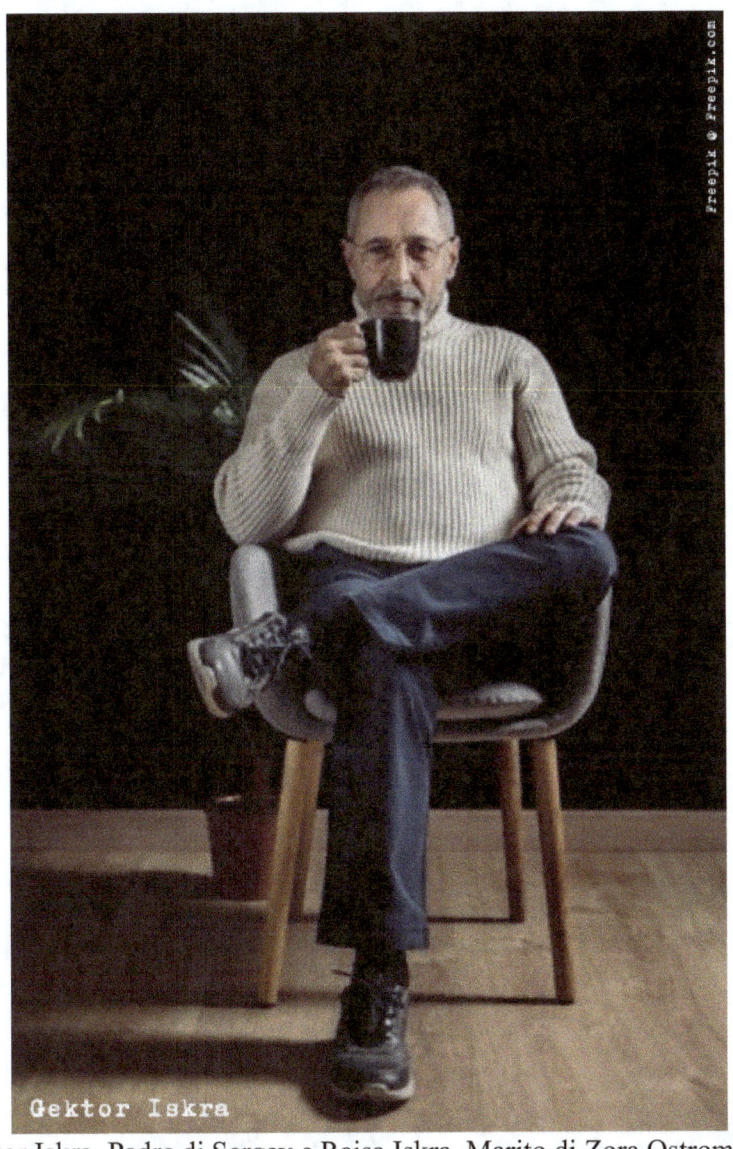

Gektor Iskra. Padre di Sergey e Raisa Iskra. Marito di Zora Ostromir. Vol.6

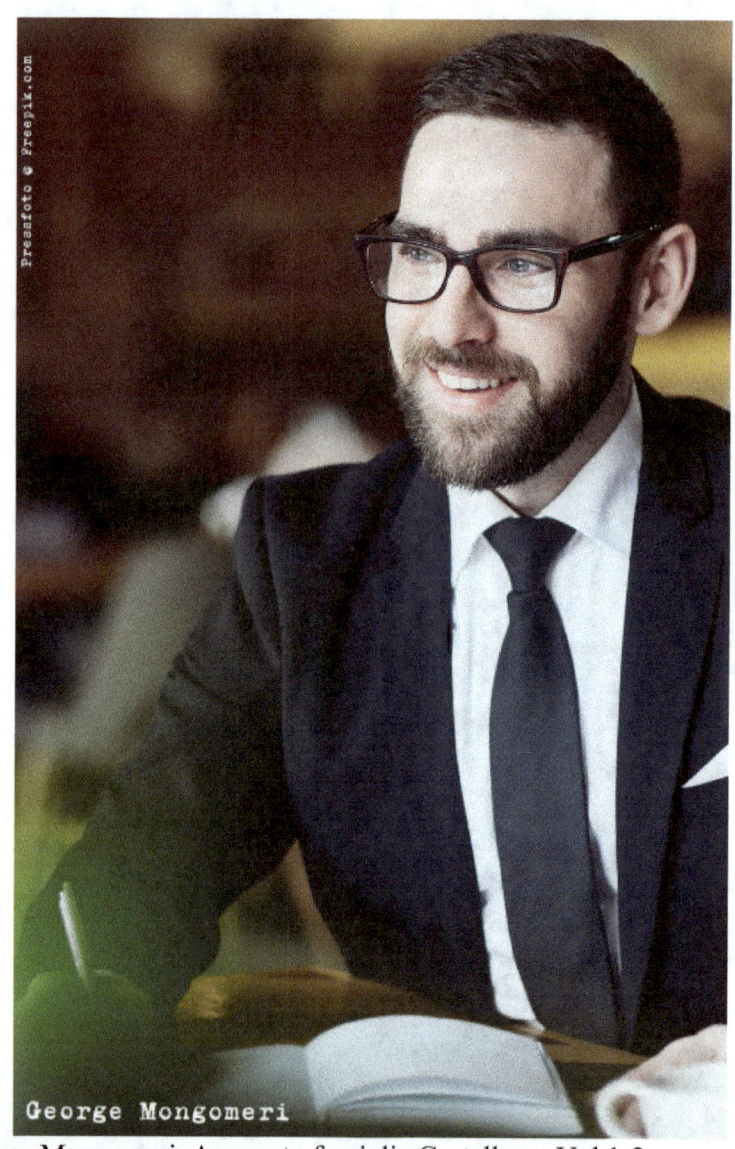

George Mongomeri. Avvocato famiglia Castellano. Vol.1-2

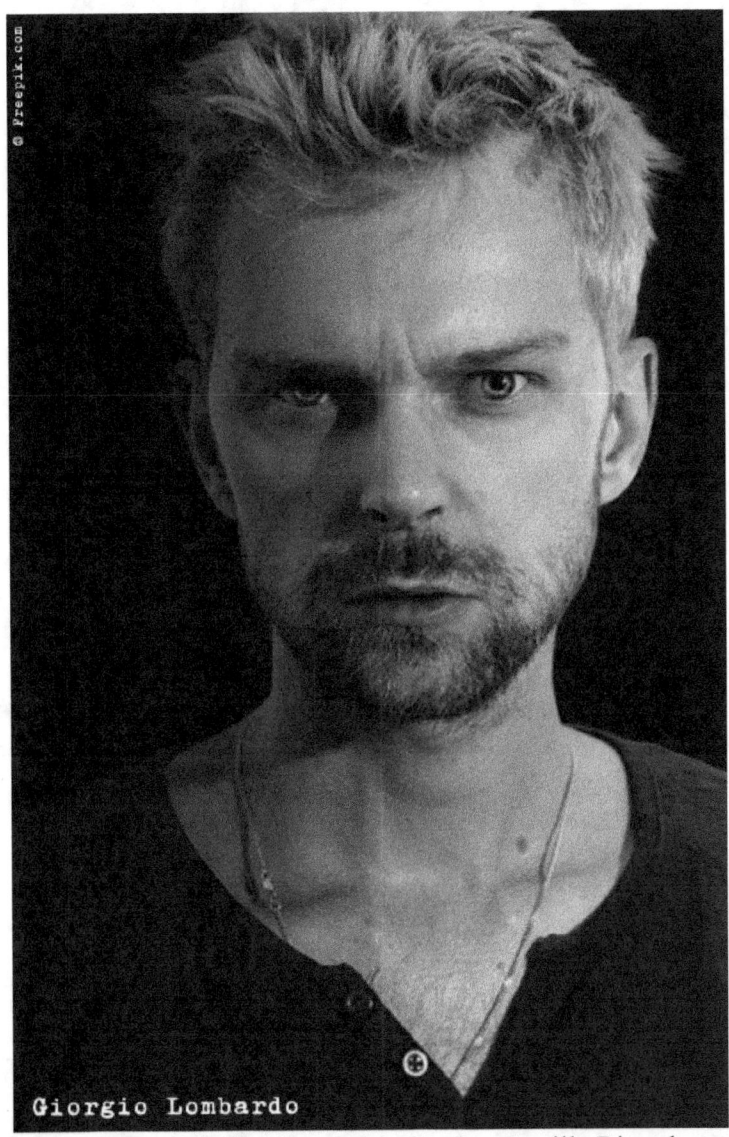

Giorgio Lombardo

Giorgio Lombardo. Figlio di Luca Lombardo e Lucilla Biperthon. Cugino di Rachel e Sole. Fratello minore di Antonio Lombardo. 27 anni. Vol.1-2

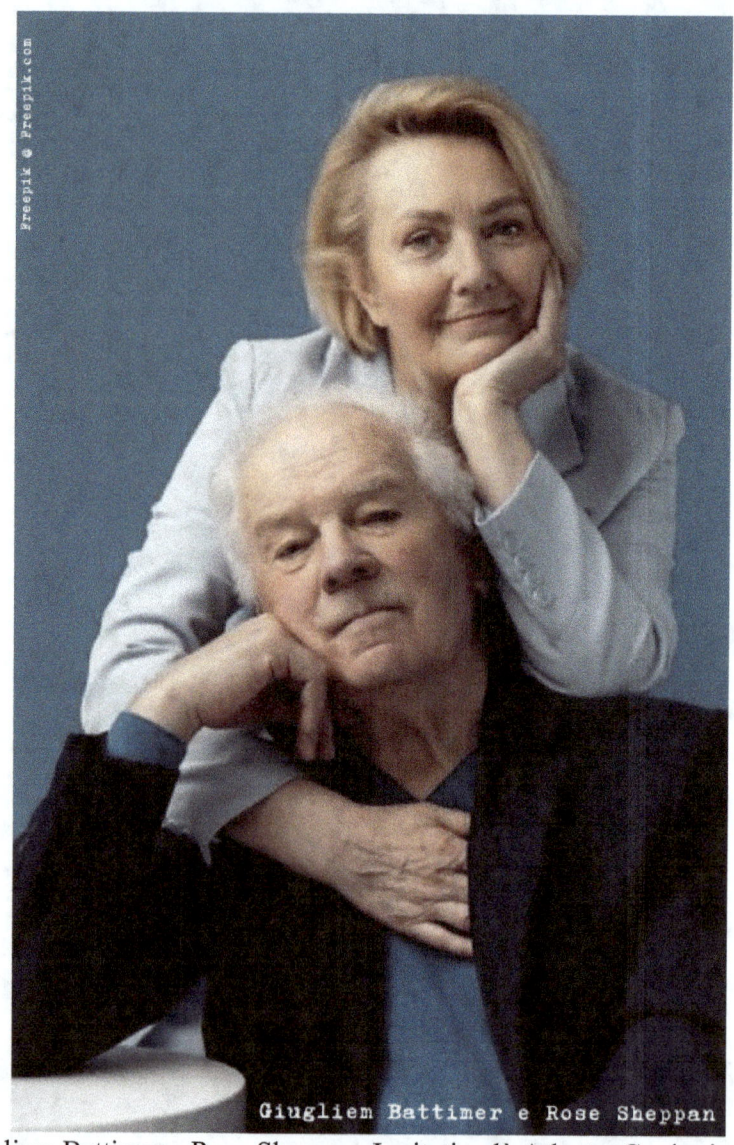

Giugliem Battimer e Rose Sheppan

Giugliem Battimer e Rose Sheppan. Invitati galà Atlanta. Coniugi.
Vol.4

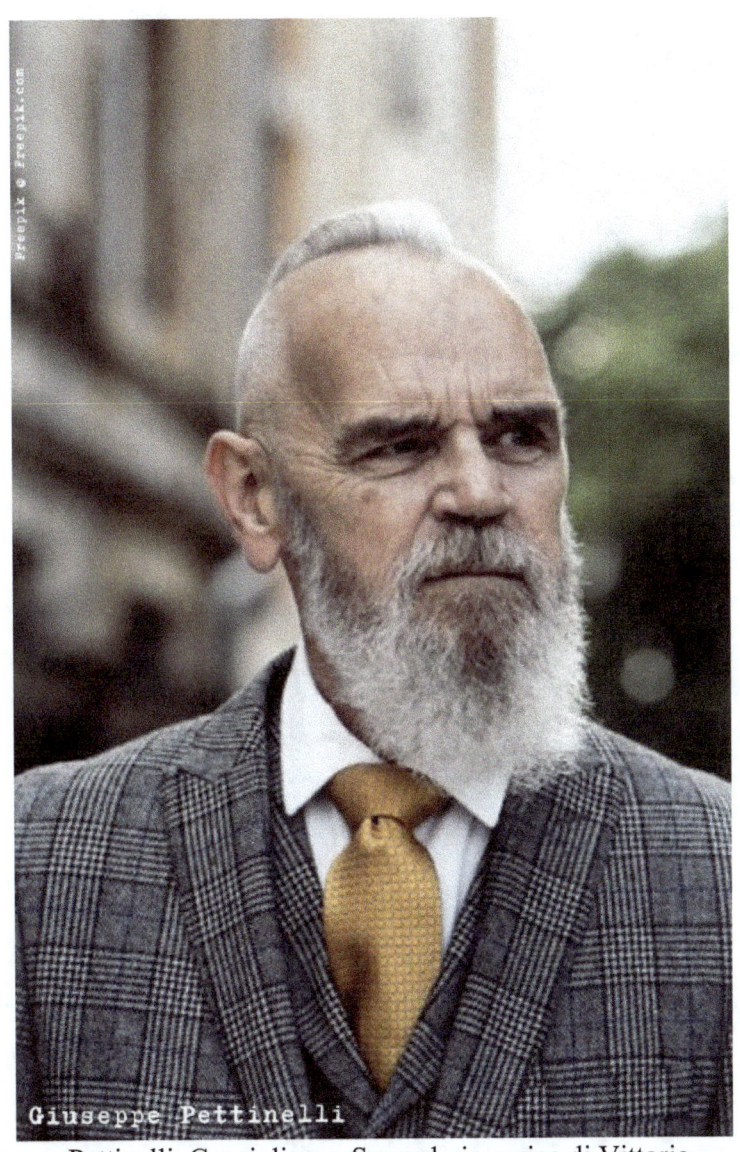

Giuseppe Pettinelli

Giuseppe Pettinelli. Consigliere e Secondo in carica di Vittorio Castellano. Morto 4 anni prima a 57 anni. Vol.2-6-7

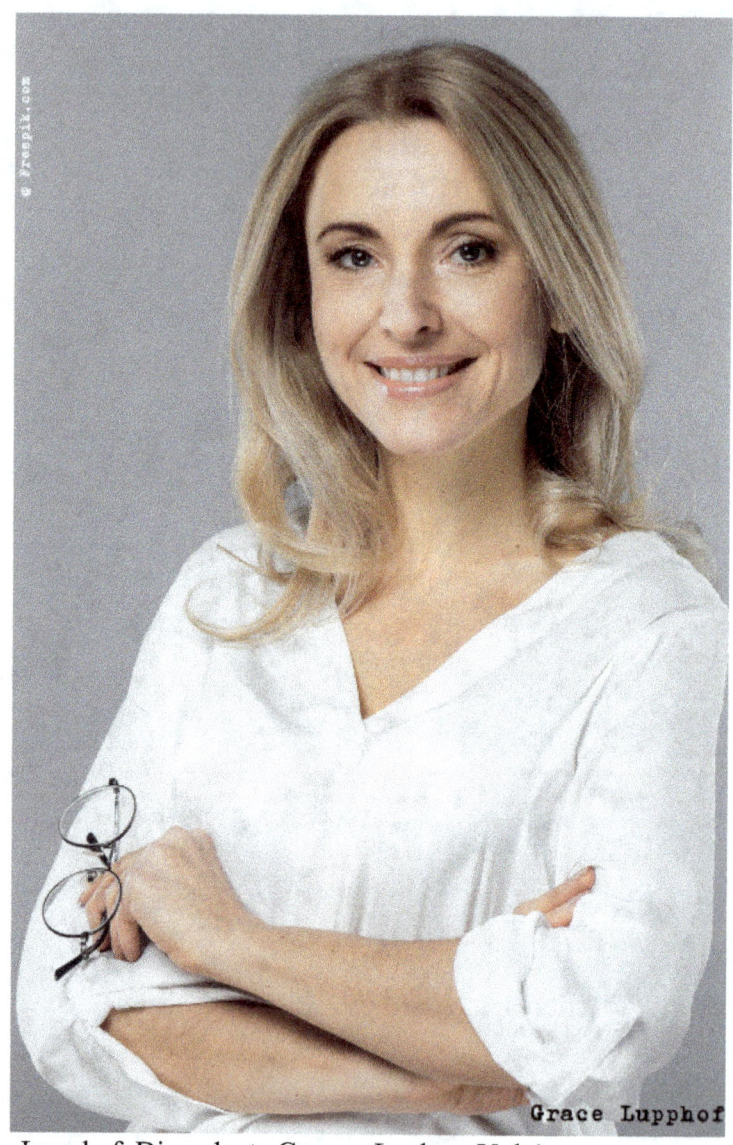

Grace Lupphof

Grace Lupphof. Dipendente Gruppo Lochan. Vol.4

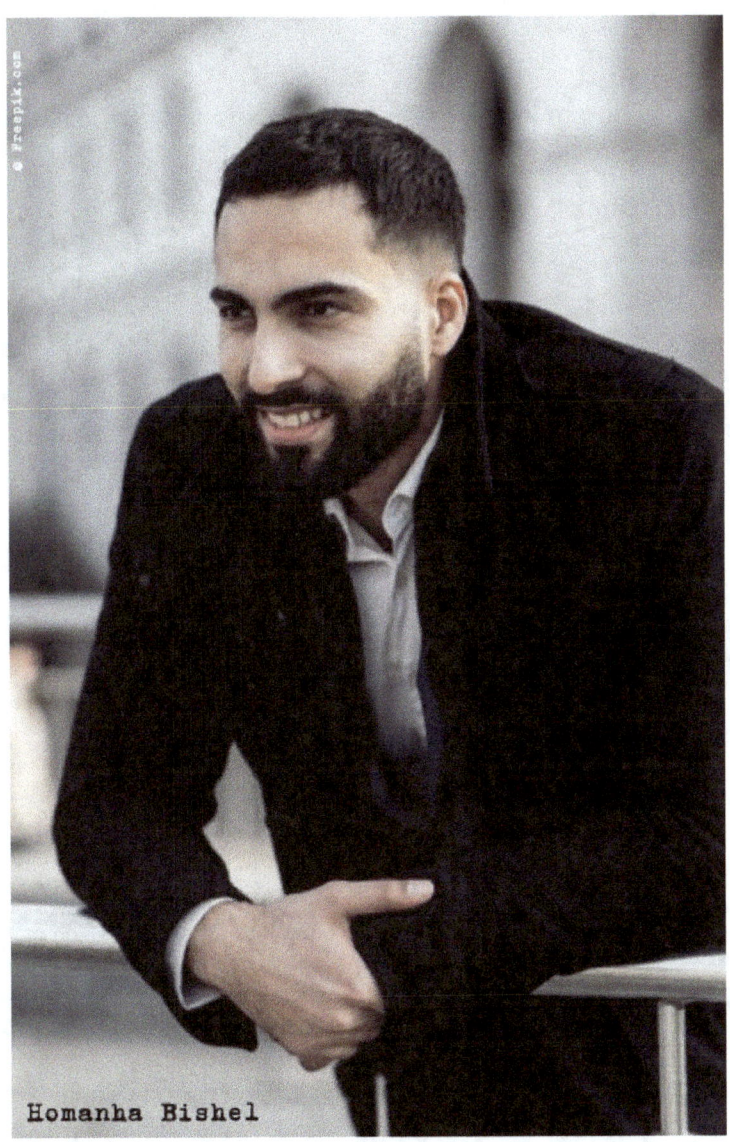

Homanha Bishel

Homanha Bishel. Magnante arabo. Vol.4

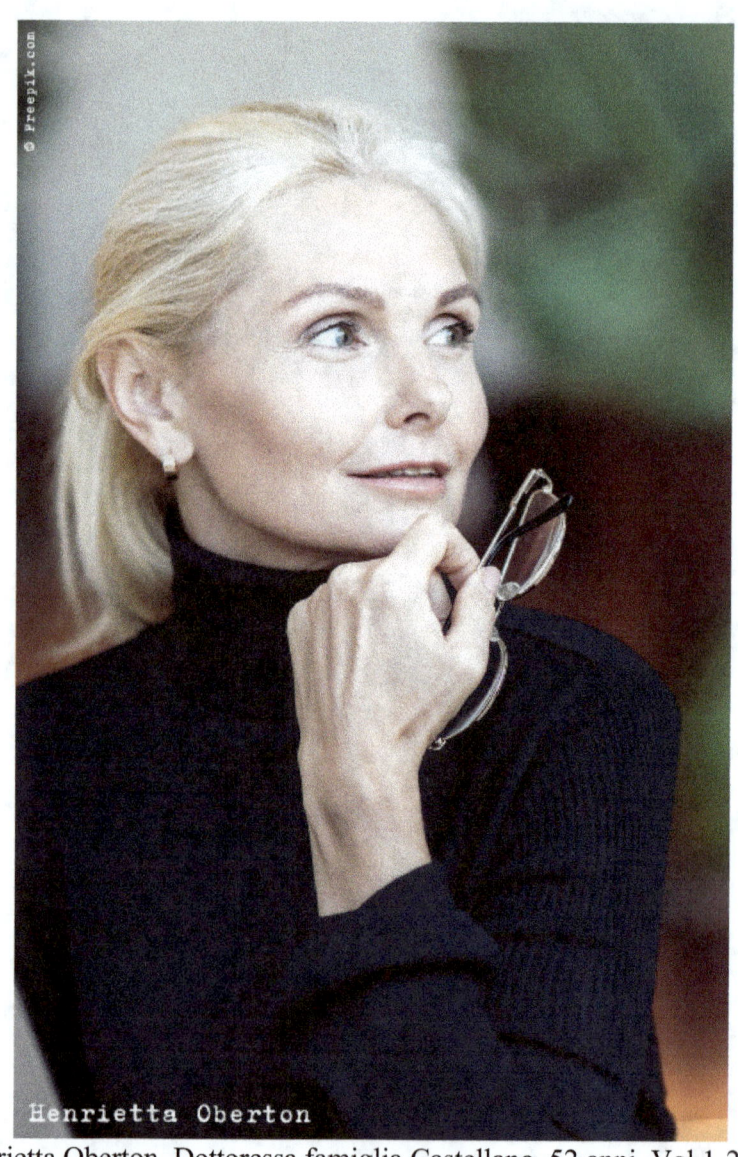

Henrietta Oberton

Henrietta Oberton. Dottoressa famiglia Castellano. 52 anni. Vol.1-2-3-6

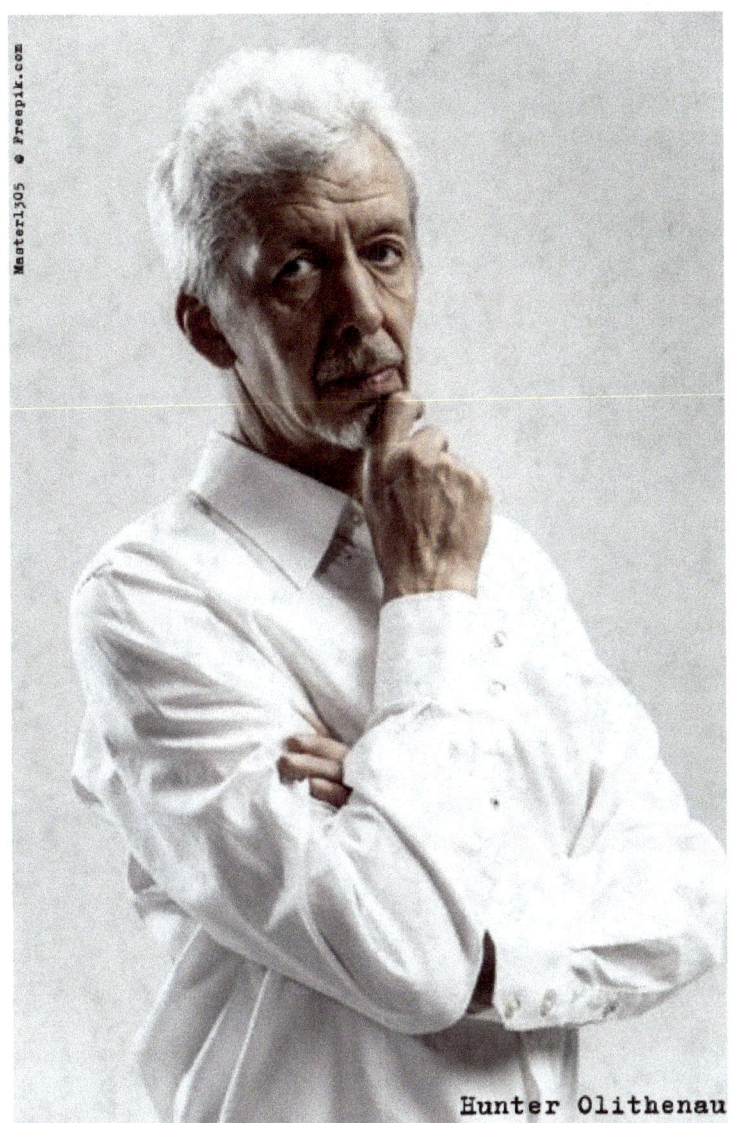

Hunter Olithenau

Hunter Olithenau. Zio e padre adottivo di Katherine Pottemanh. Marito di Patricia Potteman. 55 anni. Vol.3

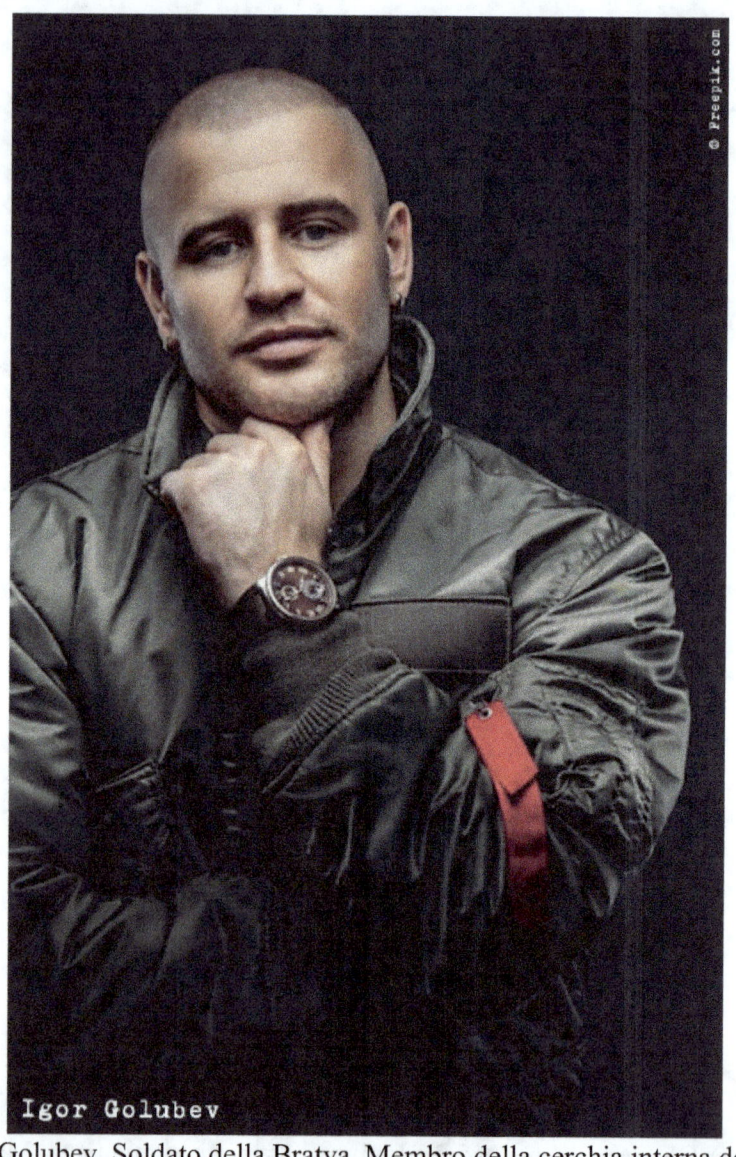

Igor Golubev

Igor Golubev. Soldato della Bratva. Membro della cerchia interna del Pakhan. Vol.2-3-6-7

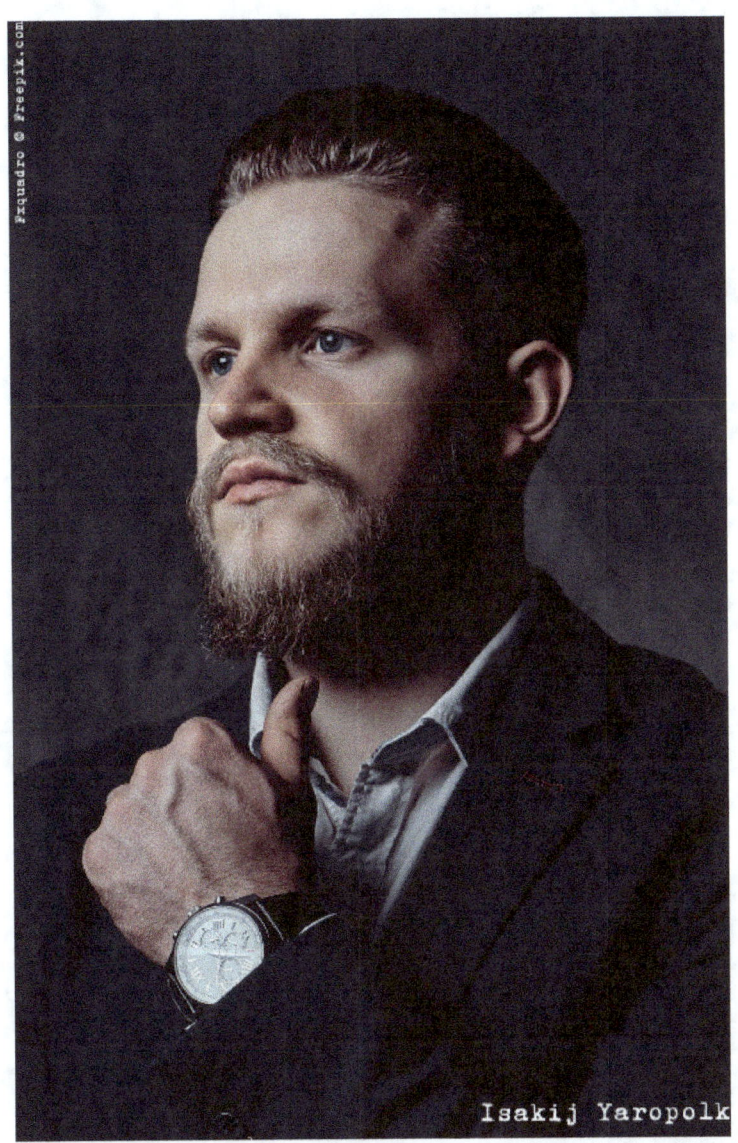

Isakij Yaropolk. Figlio di Vadim Yaropolk e Nadija Polokha. Fratello maggiore di Lukian Yaropolk. 41 anni. Vol.2-3-4-5-6-7

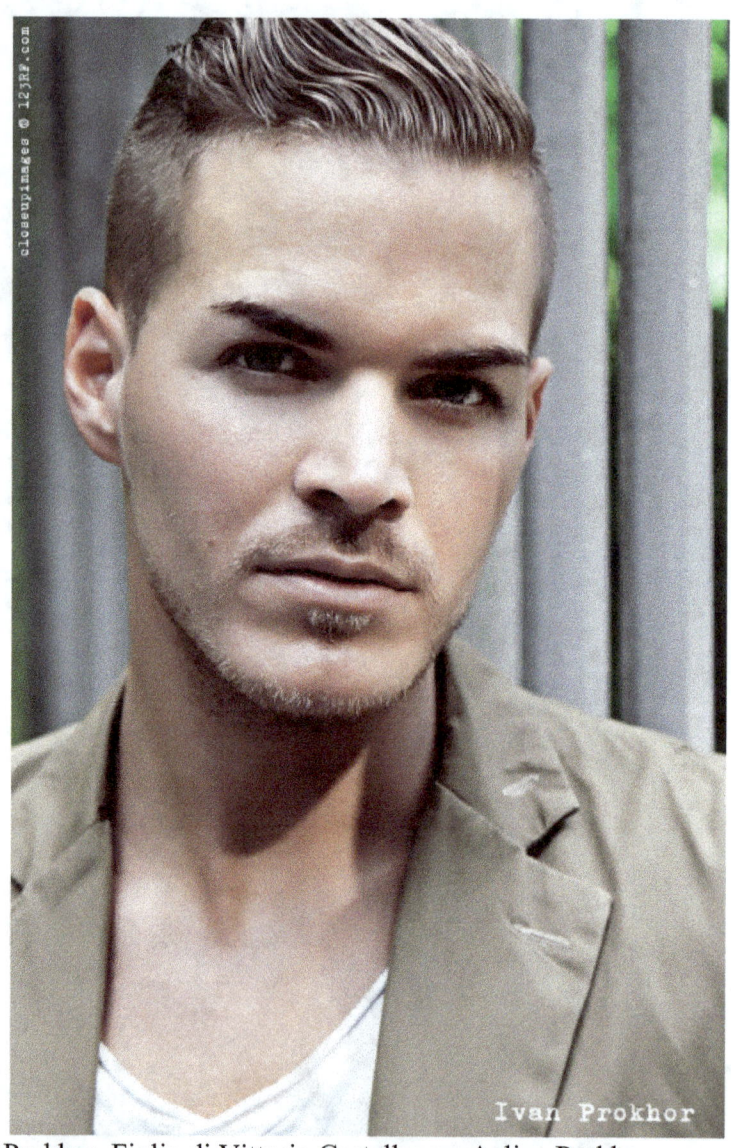

Ivan Prokhor

Ivan Prokhor. Figlio di Vittorio Castellano e Aalina Prokhor. Fratellastro di Gabriele e Tommaso Castellano e Michael Brown. 39 anni. Vol.1-2-3-6-7

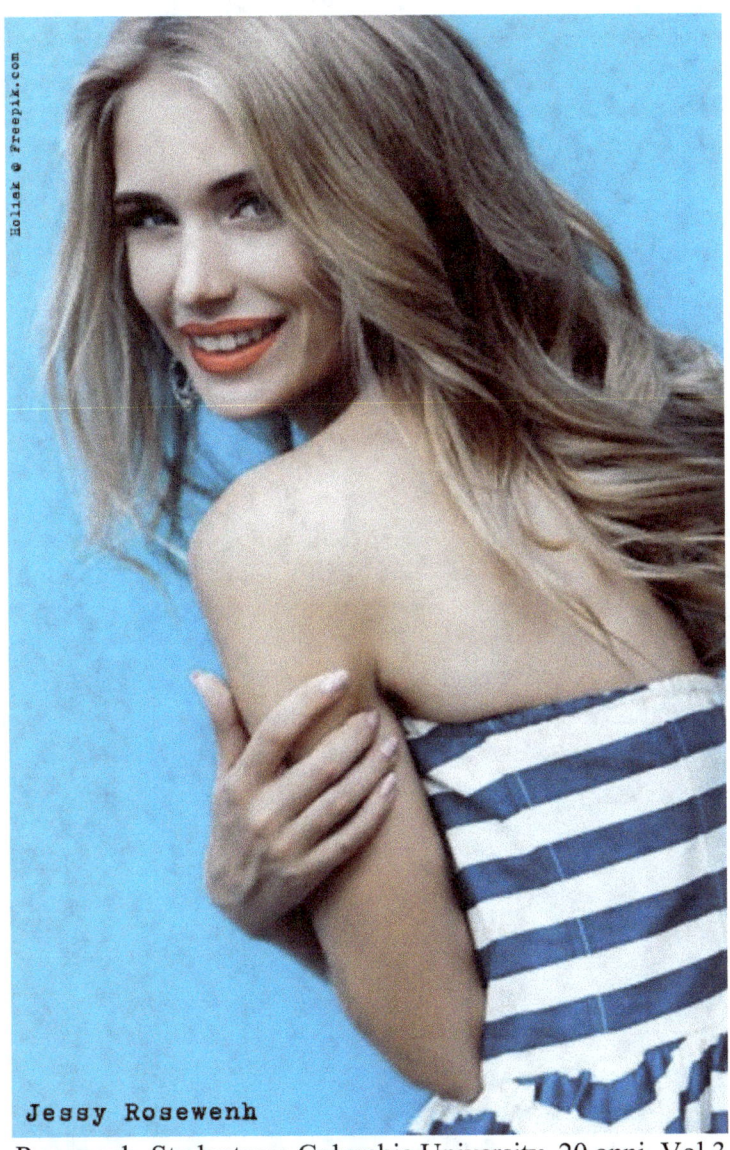

Jessy Rosewenh

Jessy Rosewenh. Studentessa Columbia University. 20 anni. Vol.3

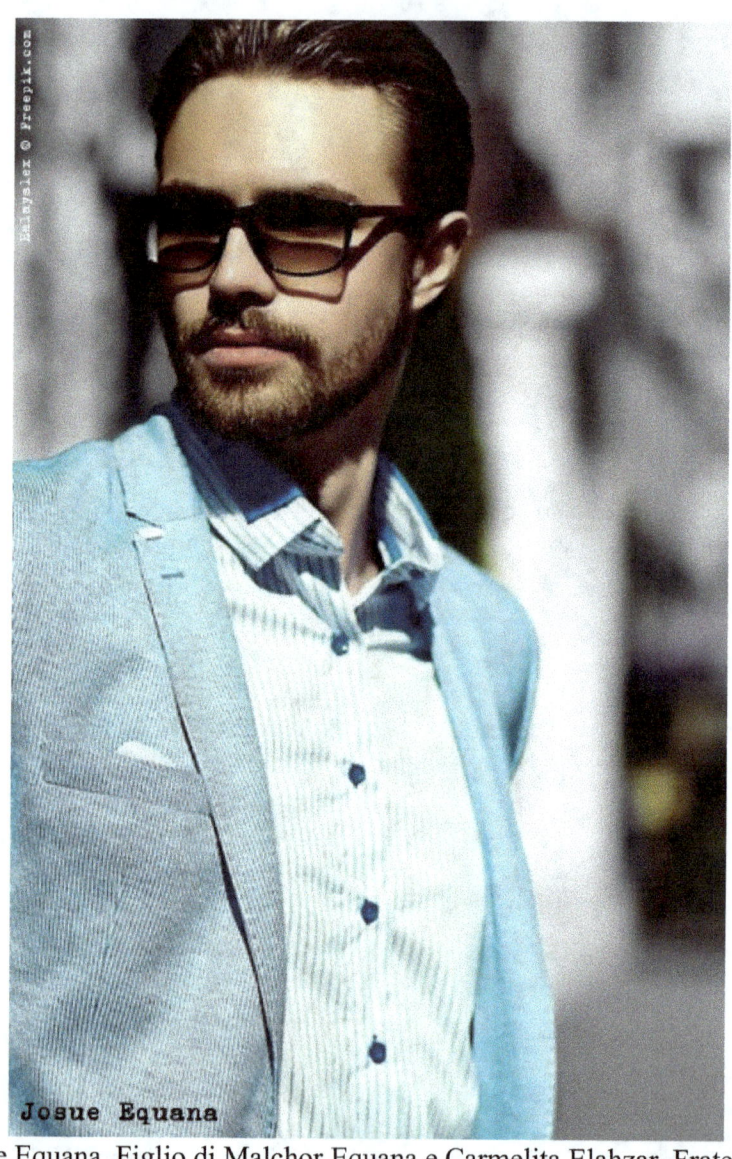

Josue Equana

Josue Equana. Figlio di Malchor Equana e Carmelita Elahzar. Fratello di Reyna Equana. Capo del Cartello messicano. Vol.6-7

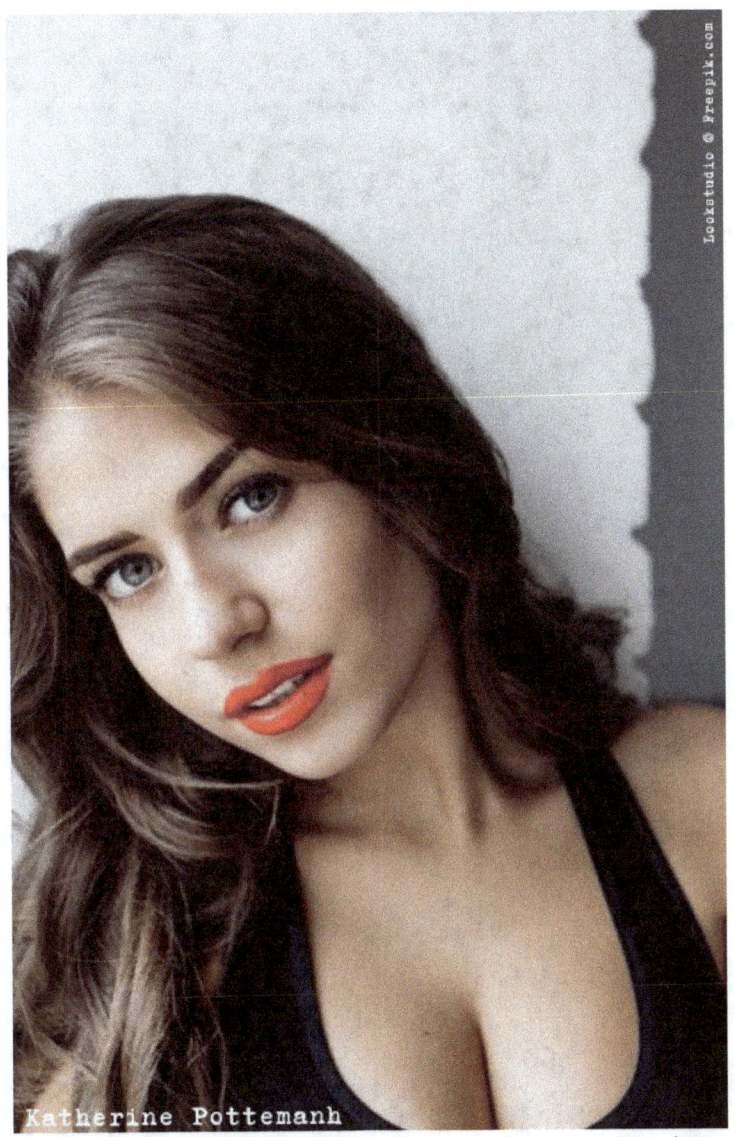

Katherine Pottemanh

Katherine Pottemanh. Figlia di James Pottemanh e Lucy Becchett. Figlia adottiva e nipote di Hunter Olithenau e Patricia Pottemanh. 20 anni. Vol.3-6-7

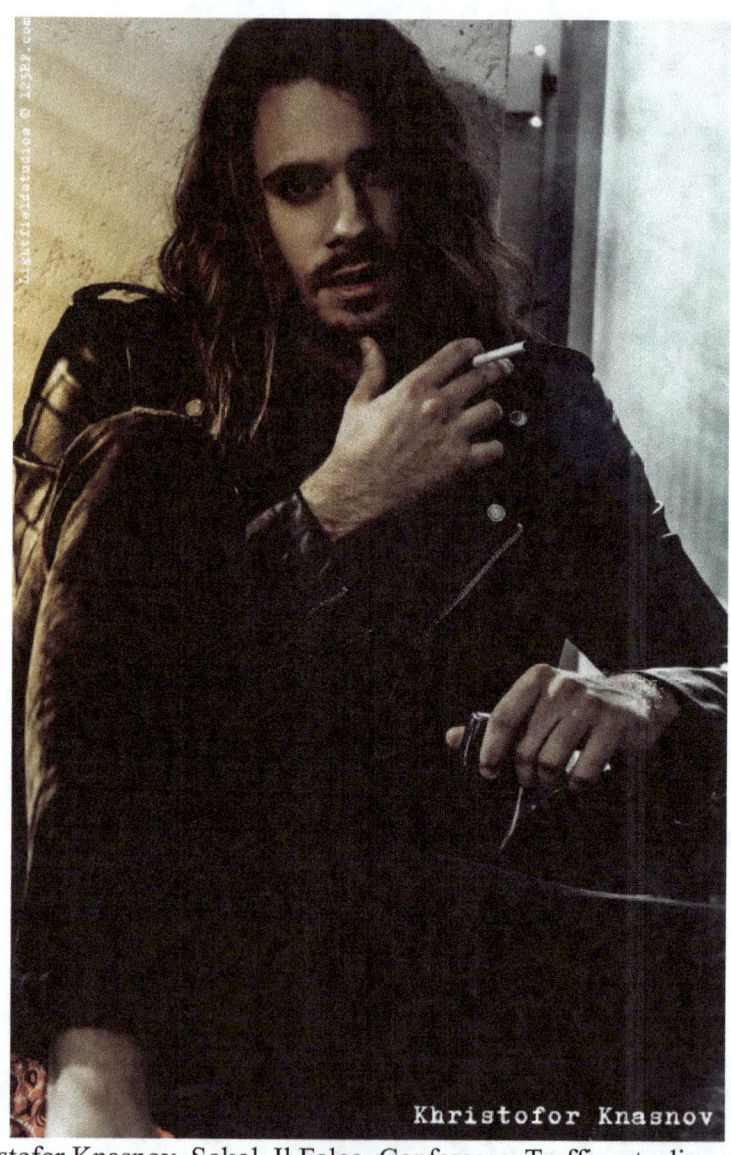

Khristofor Knasnov

Khristofor Knasnov. Sokol. Il Falco. Confessore. Trafficante di armi. Amico di Nikolaj Iskra. Fornitore di Gabriele Castellano. Marito di Reyna Equana. 39 anni. Vol.2-3-5-6-7

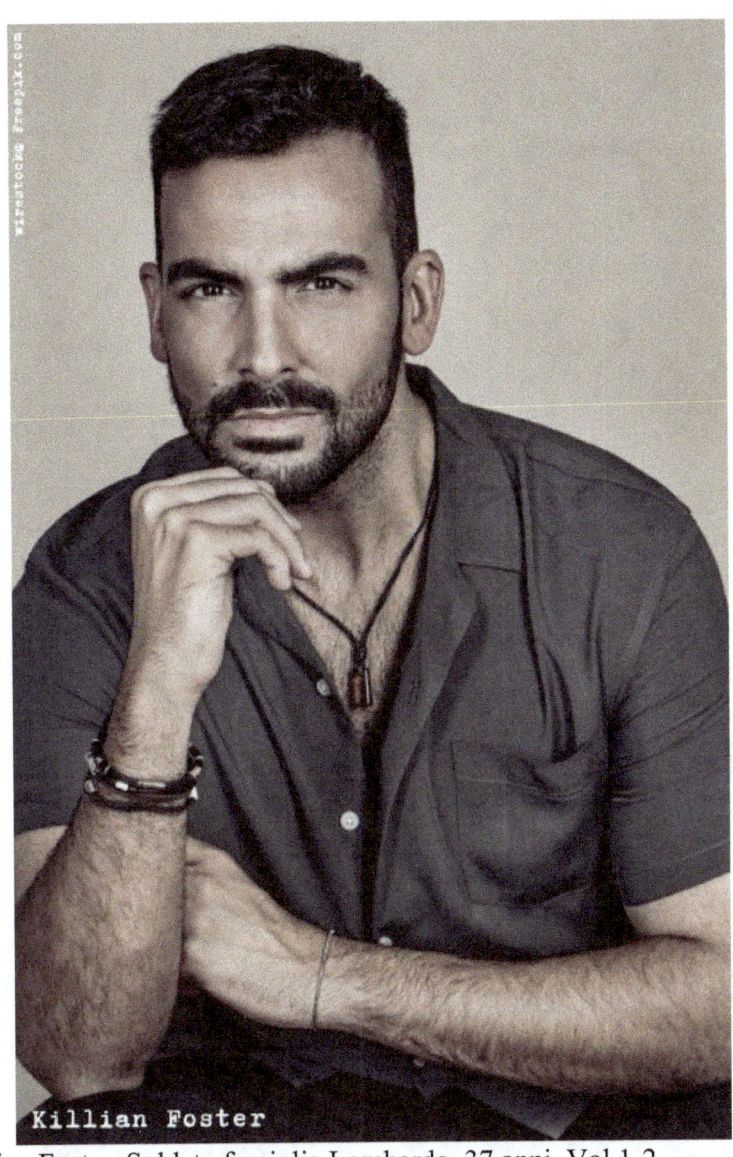

Killian Foster. Soldato famiglia Lombardo. 37 anni. Vol.1-2

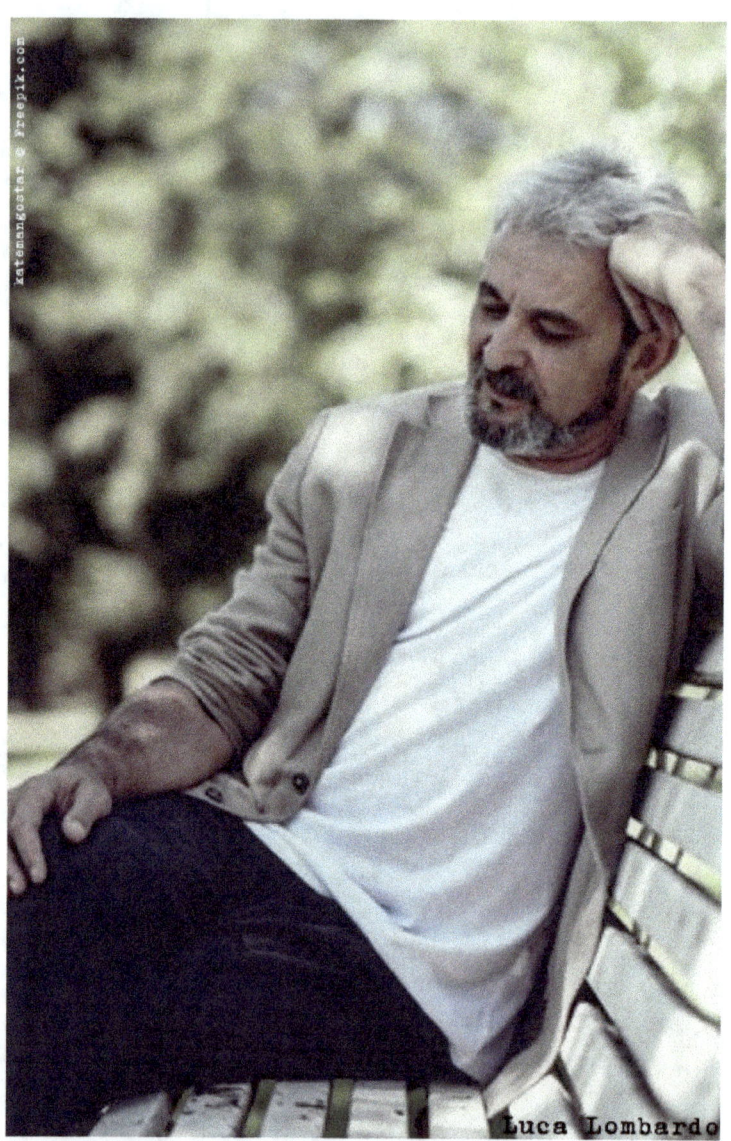

Luca Lombardo

Luca Lombardo. Padre di Antonio e Giorgio Lombardo. Fratello minore di Carlo Lombardo. Zio di Rachel e Sole Lombardo. Figlio di Vincenzo Lombardo e Maria Filippini. 53 anni. Vol.1-2-3

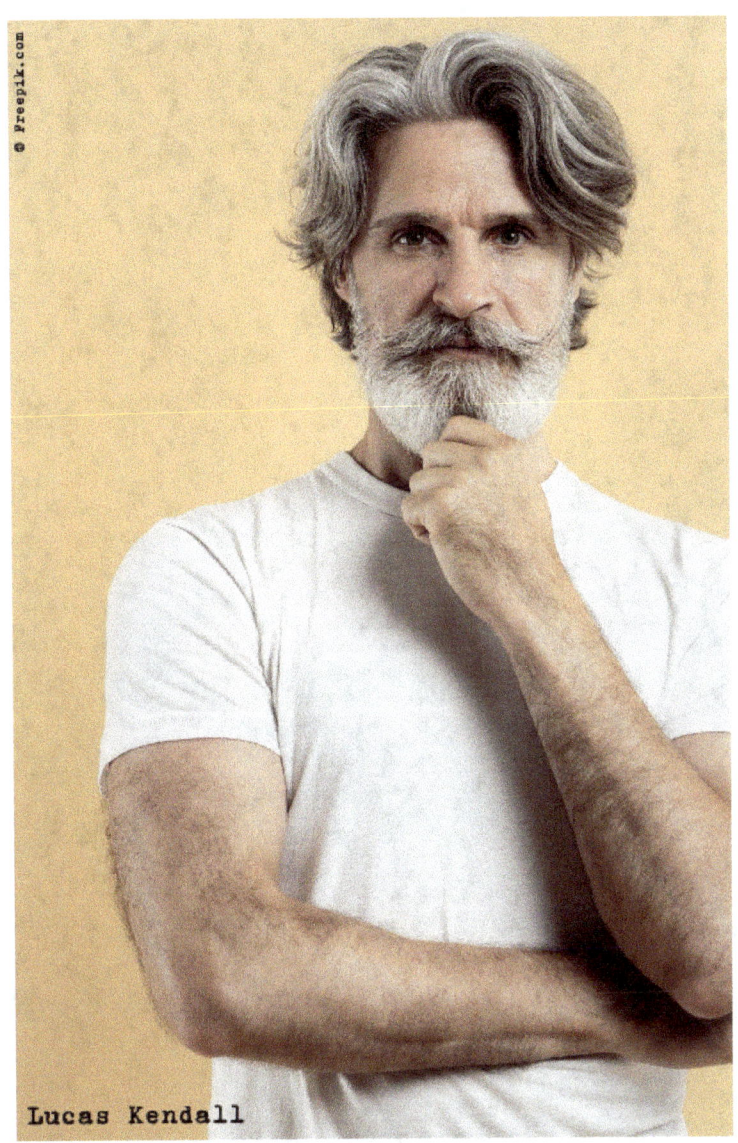

Lucas Kendall. Marito di Raisa Iskra.

Lucas Gonzalo. Alias di Lucas Kendall. Vol.6-7

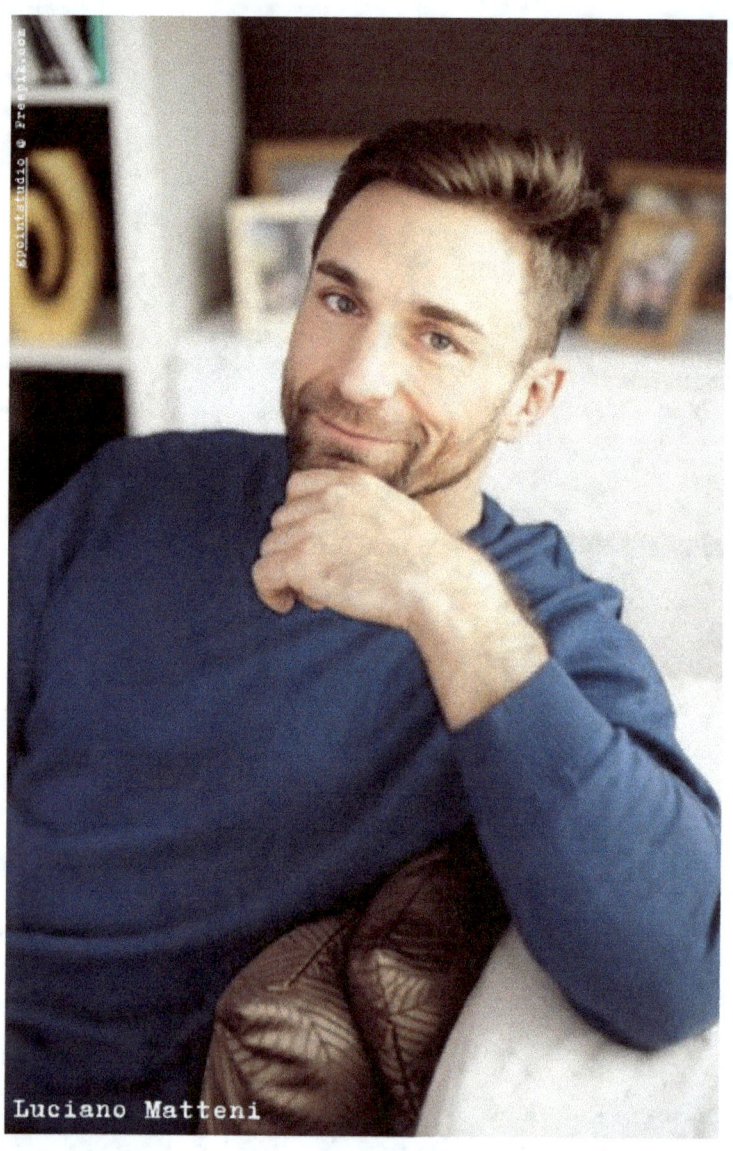

Luciano Matteni

Luciano Matteni. Medico. Amico di Deamàn Lochan e Daniel Romano. Vol.4

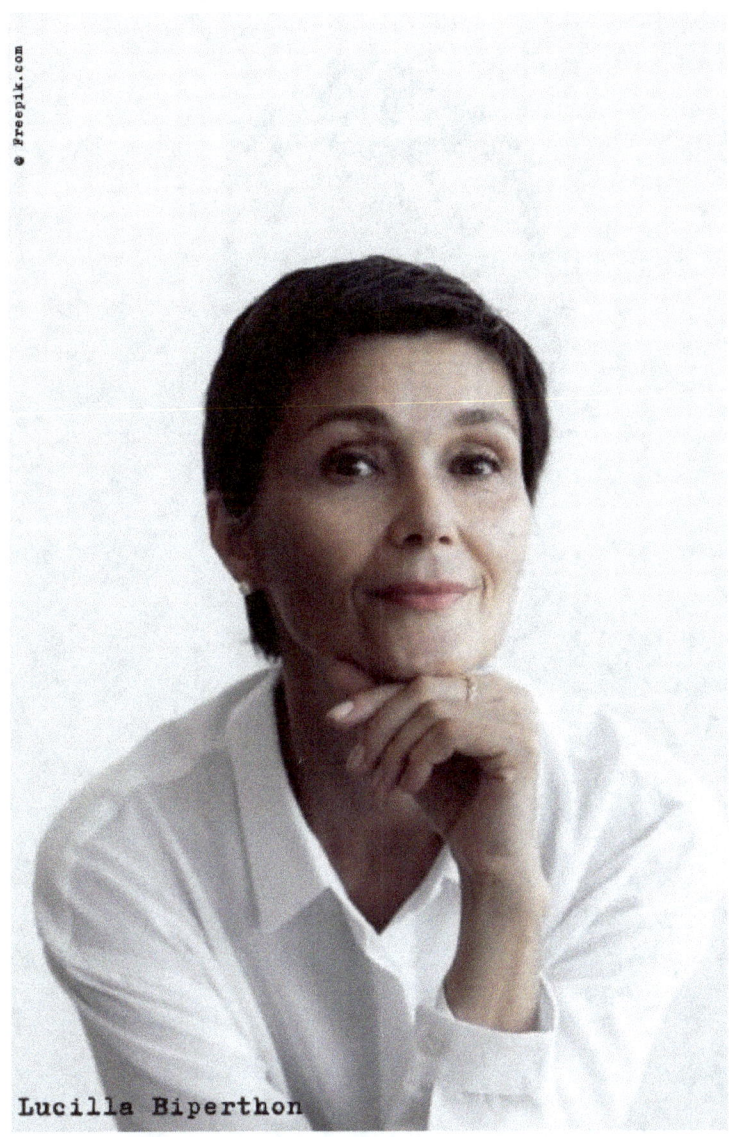

Lucilla Biperthon

Lucilla Biperthon. Madre di Antonio e Giorgio Lombardo. Moglie di Luca Lombardo. Zia di Rachel e Sole Lombardo.

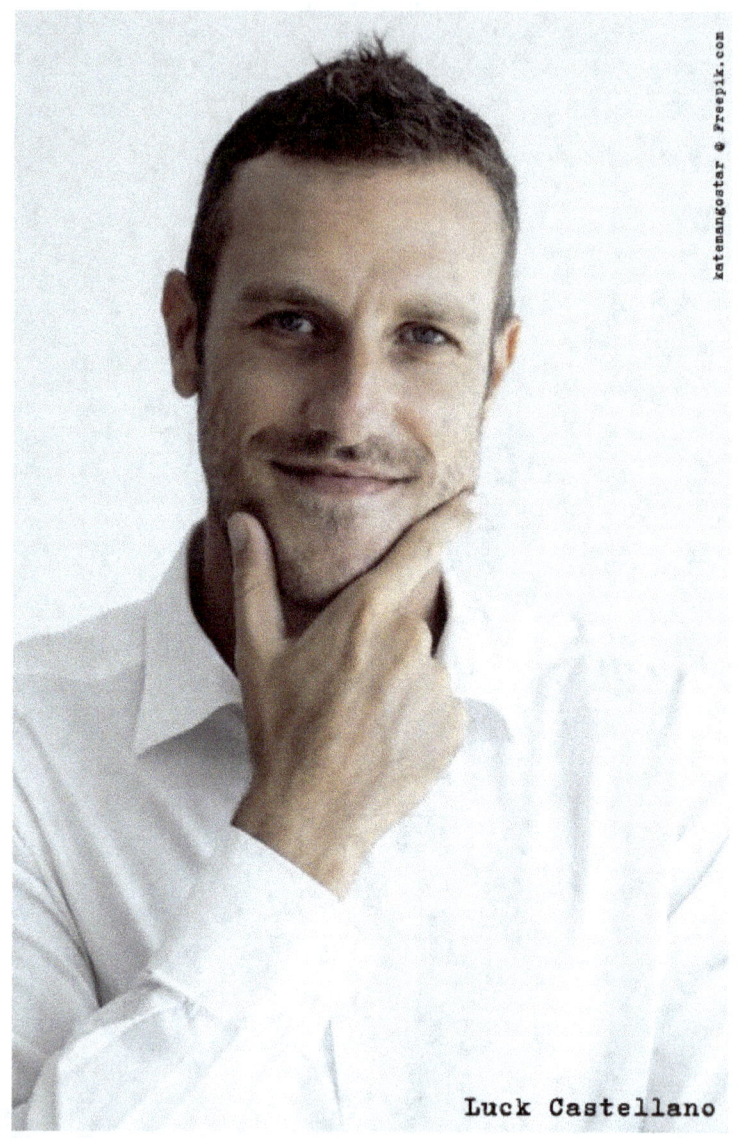

Luck Castellano

Luck Castellano. Cugino di Gabriele e Tommaso Castellano. Fratello minore di Matteo Castellano. Figlio di Roberto Castellano e Gwyneth Shia. 35 anni. Vol.1-2

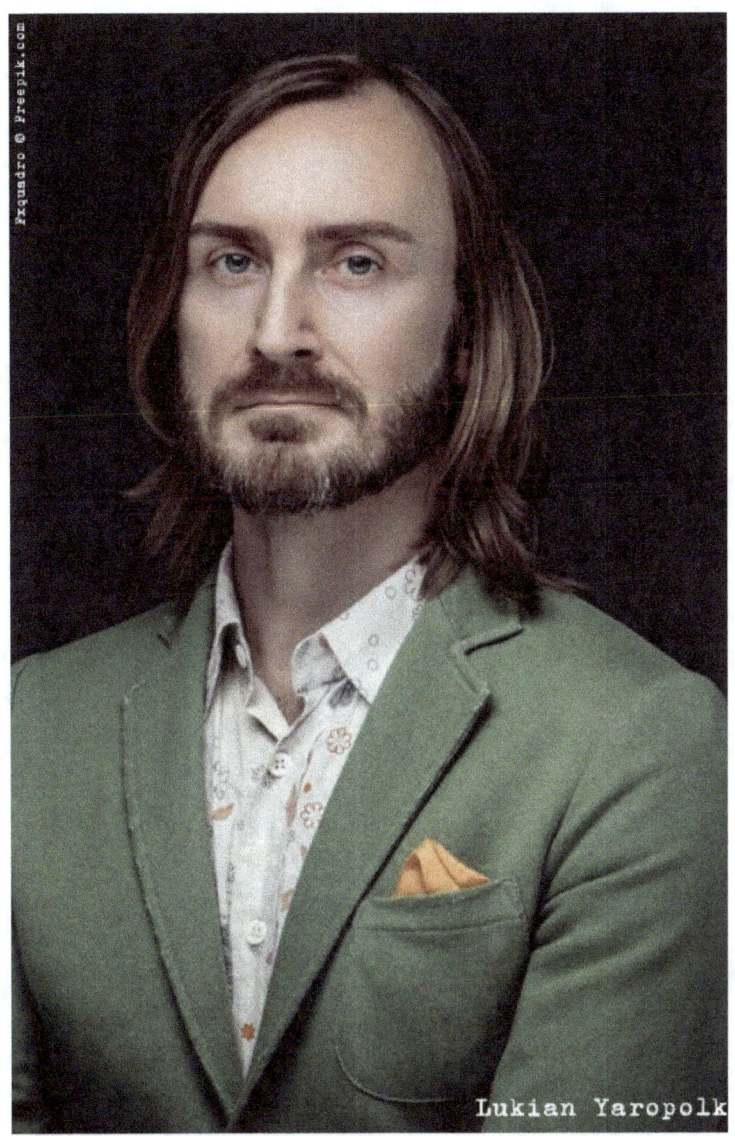

Lukian Yaropolk. Figlio di Vadim Yaropolk e Nadija Polokha. Fratello minore di Isakij Yaropolk. Il Chimico. 37 anni. Vol.2-3-4-5-6-7

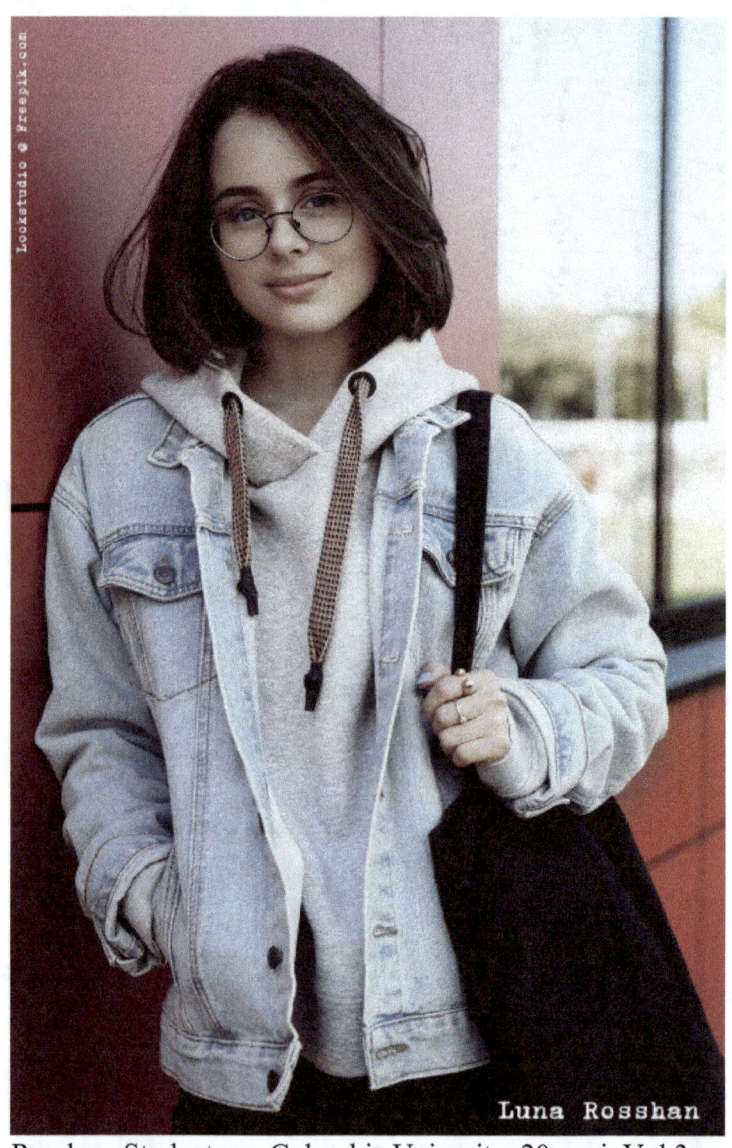

Luna Rosshan. Studentessa Columbia Univesity. 20 anni. Vol.3

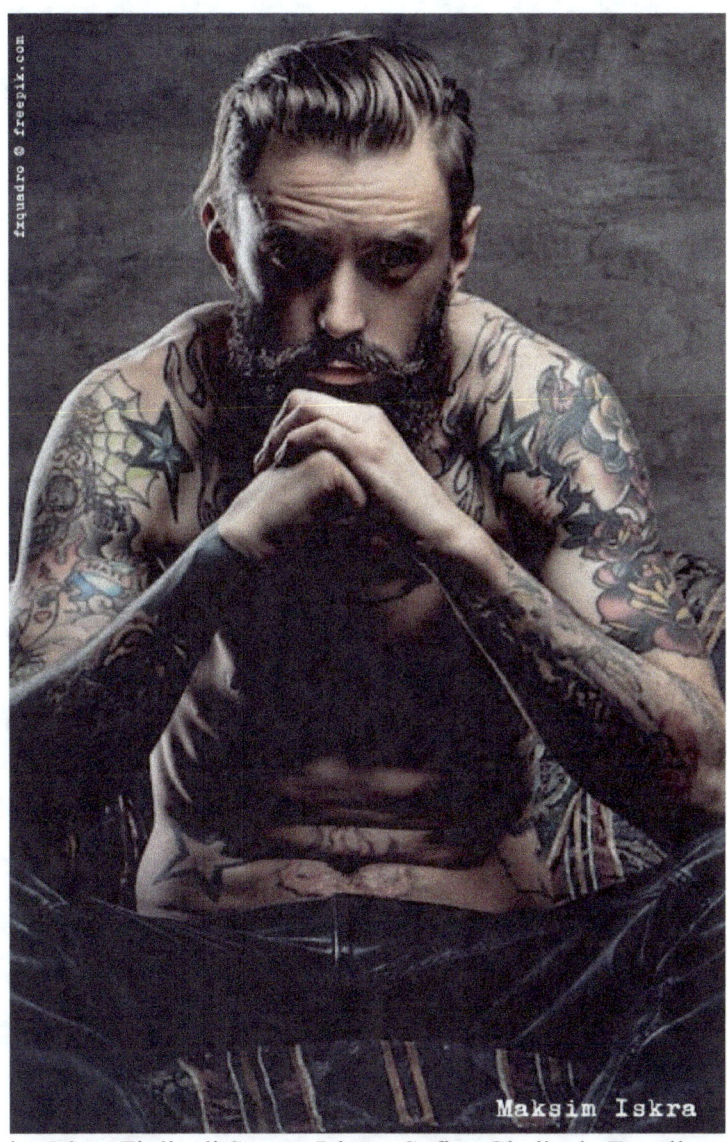

Maksim Iskra. Figlio di Sergey Iskra e Sofiya Ghaliyah. Fratello minore di Nikolaj Iskra. Cugino di Gabriele e Tommaso Castellano. Cugino di Raphael e Filippo Kent-Lombardo. 38 anni. Vol.1-2

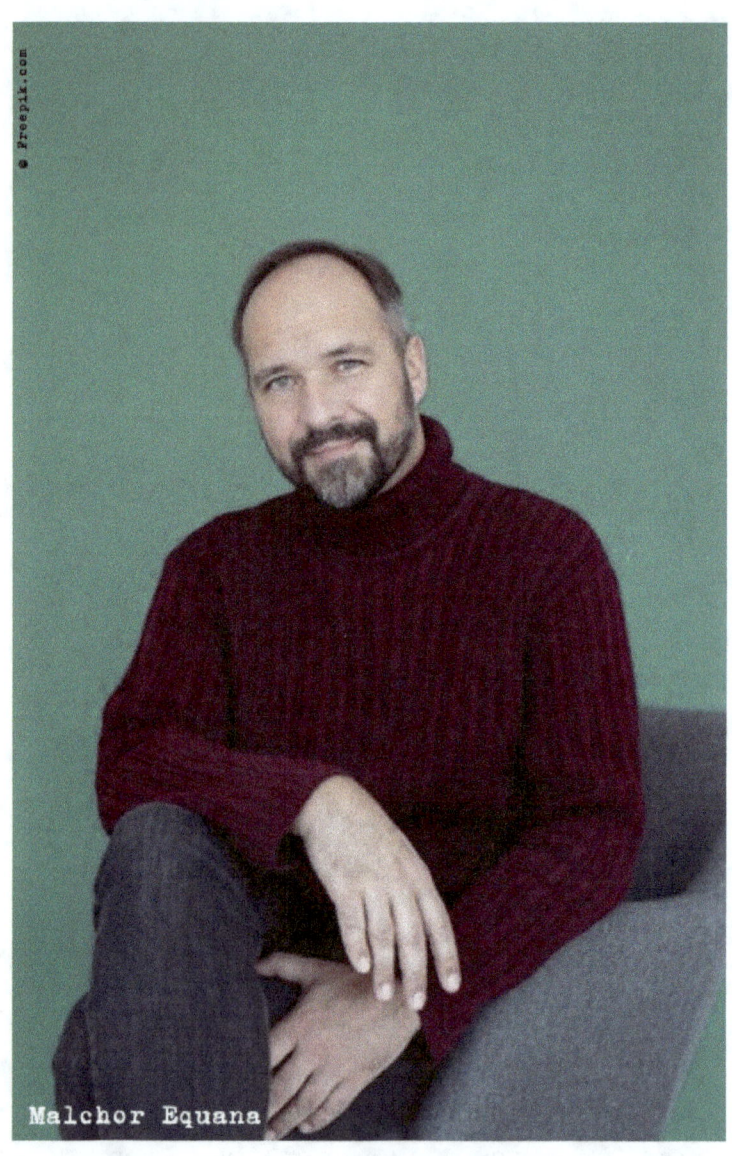

Malchor Equana. Padre di Josue e Reyna Equana. Marito di Carmelita
Elahzar. Vol.6-7

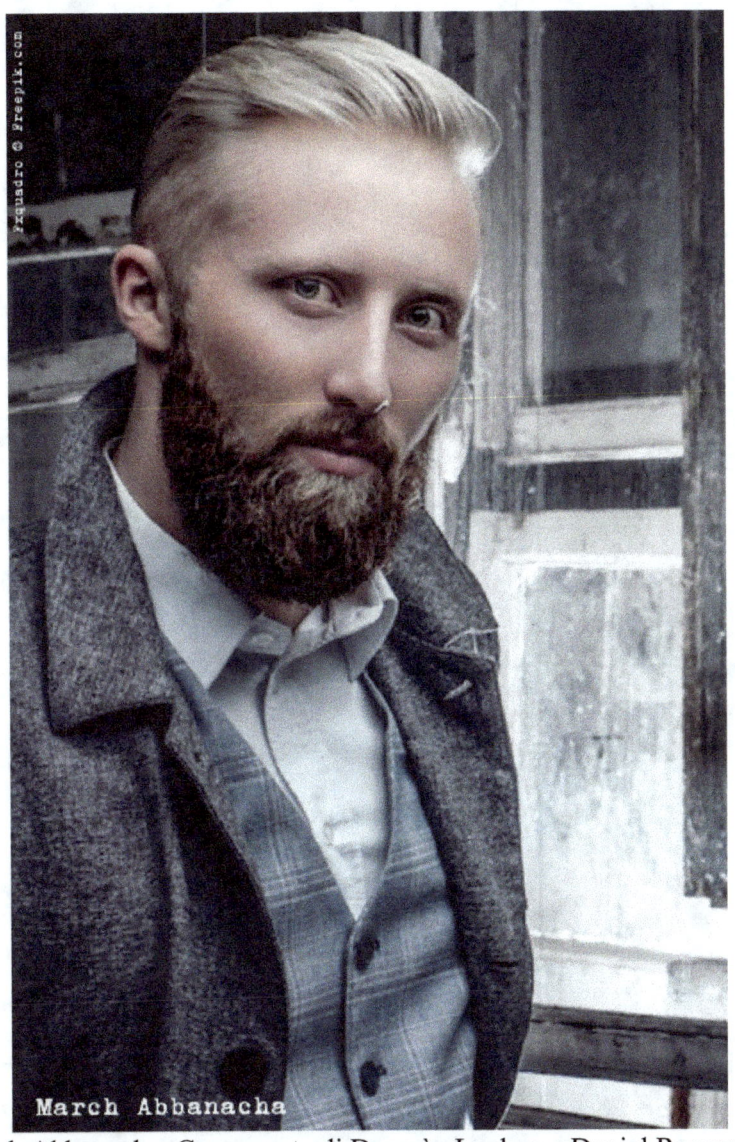

March Abbanacha. Conoscente di Deamàn Lochan e Daniel Romano. Figlio del Senatore Abbanacha. Vol.4

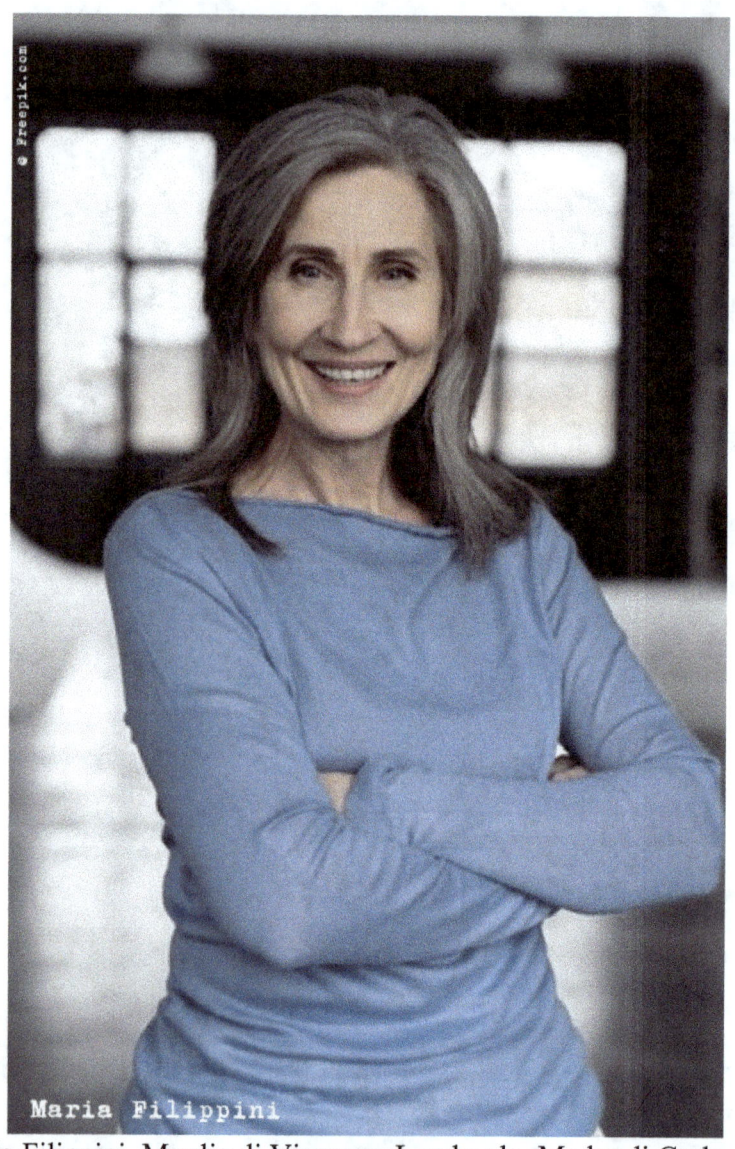

Maria Filippini

Maria Filippini. Moglie di Vincenzo Lombardo. Madre di Carlo e Luca Lombardo. Nonna di Rachel e Sole. Morta a 53 anni.

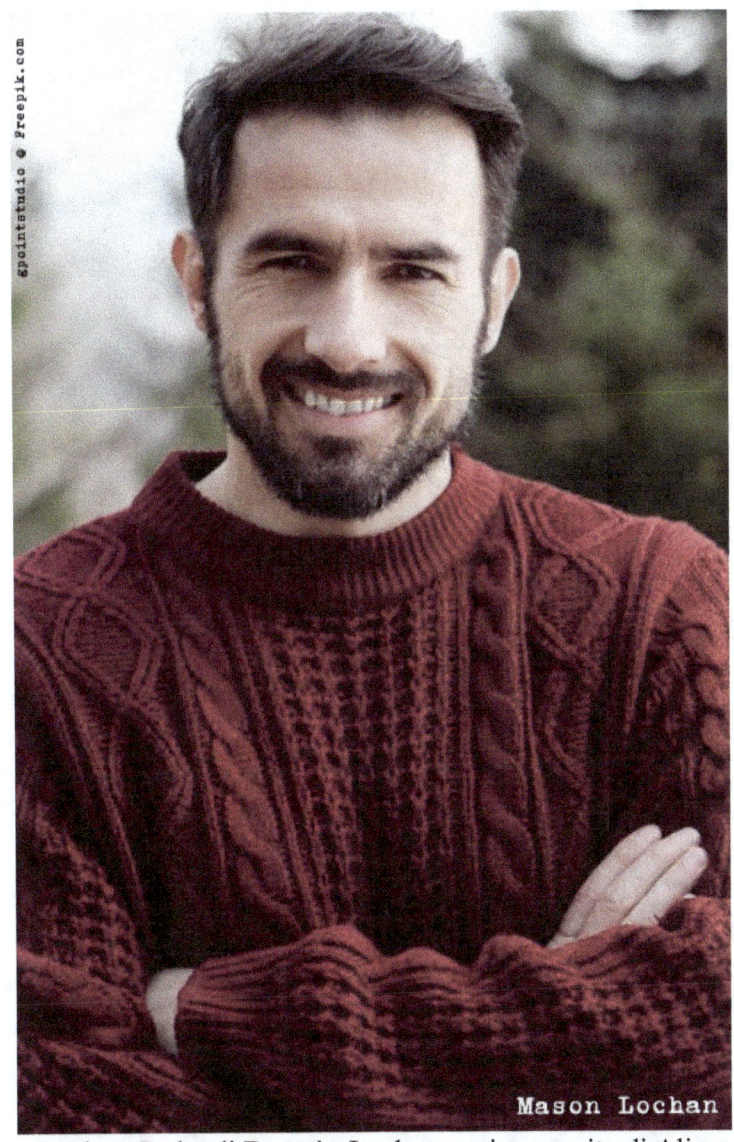

Mason Lochan. Padre di Deamàn Lochan e primo marito di Alison Robinshon. Vol.4

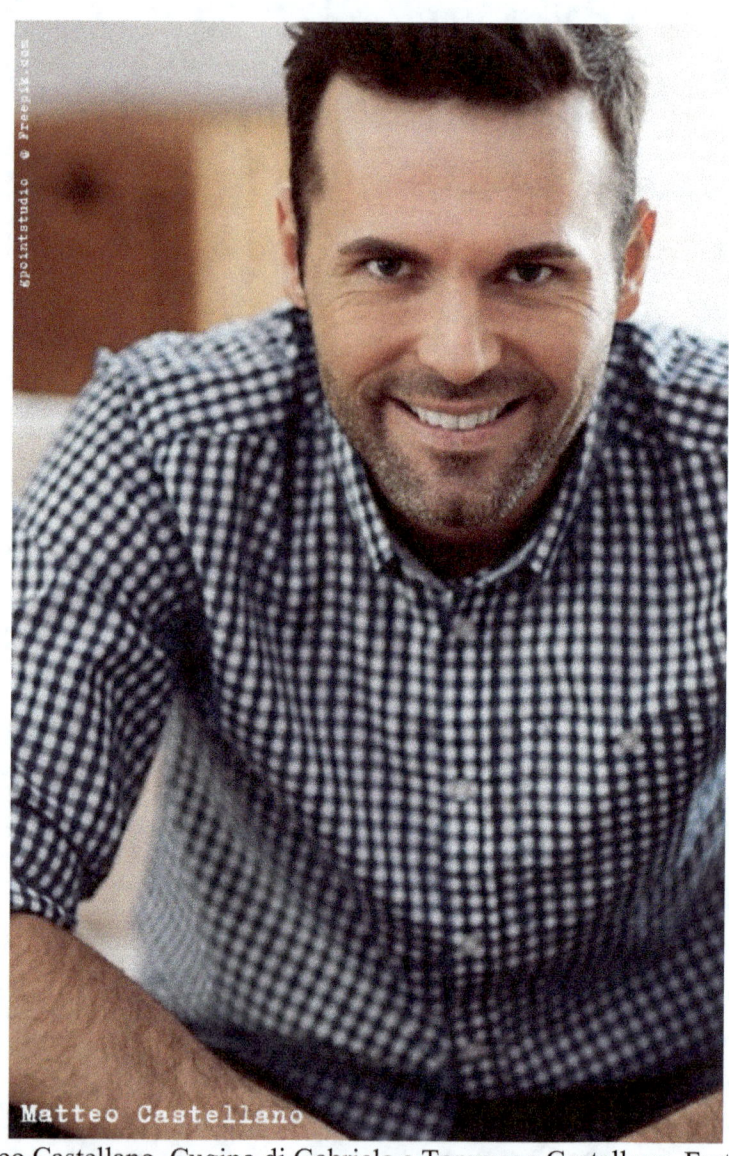

Matteo Castellano

Matteo Castellano. Cugino di Gabriele e Tommaso Castellano. Fratello maggiore di Luck Castellano. Figlio di Roberto Castellano e Gwyneth Shia. 32 anni. Vol.1-2

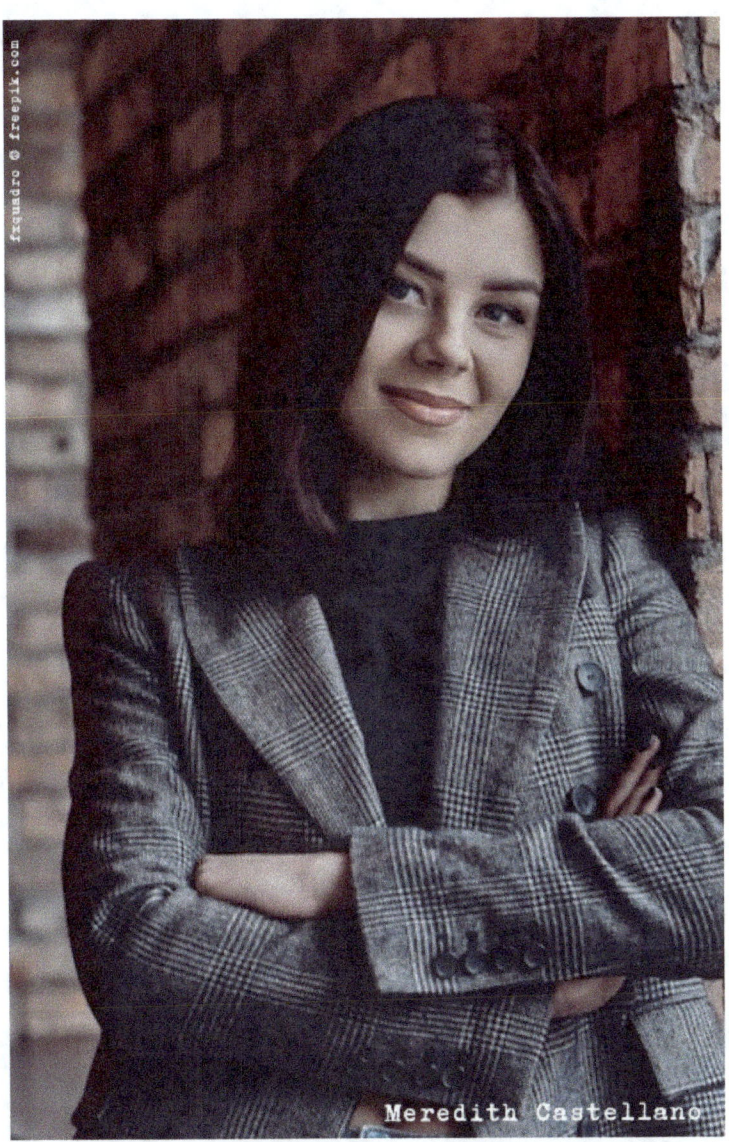

Meredith Castellano

Meredith Castellano. Figlia di Riccardo Castellano e Piera Siccedi. Zia di Gabriele e Tommaso Castellano, Ivan Prokhor e Michael Brown. Zia di Luck e Matteo Castellano. Sorella minore di Vittorio e Roberto Castellano. 55 anni. Vol.1-2-3-5

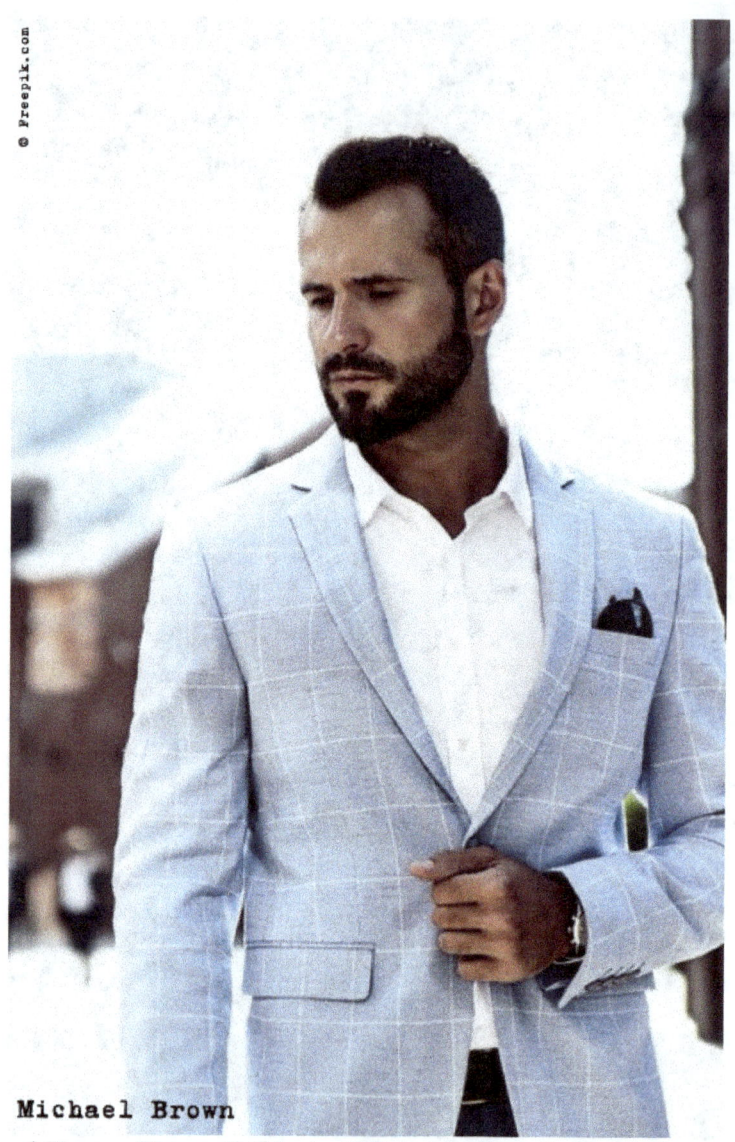

Michael Brown

Michael Brown. Uomo di fiducia di Gabriele Castellano. Figlio illegittimo di Vittorio Castellano. Figlio di Dolores Nensihy. Fratellastro di Gabriele e Tommaso Castellano e di Ivan Prokhor. 35 anni. Vol.1-2-3-5-6-7

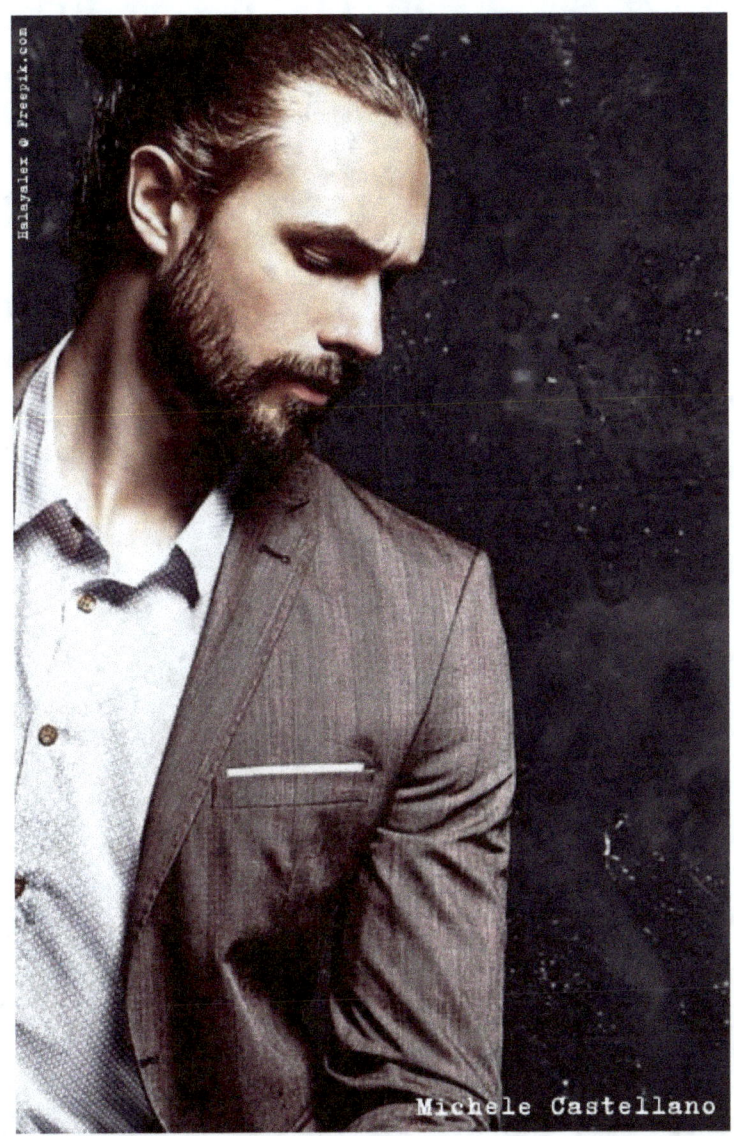

Michele Castellano

Michele Castellano. Figlio di Gabriele Michele Castellano e Rachel Lomabrdo. Gemello di Beatrice Castellano. Vol.7

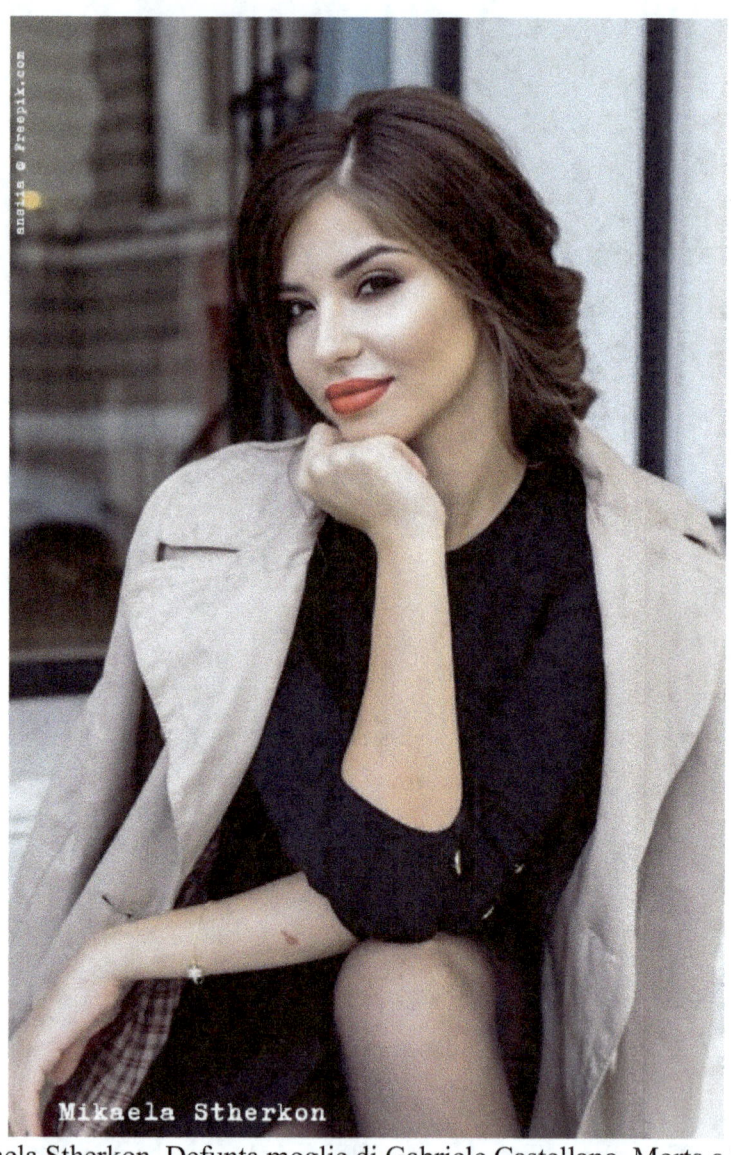

Mikaela Stherkon. Defunta moglie di Gabriele Castellano. Morta a 35 anni. Vol.1-2

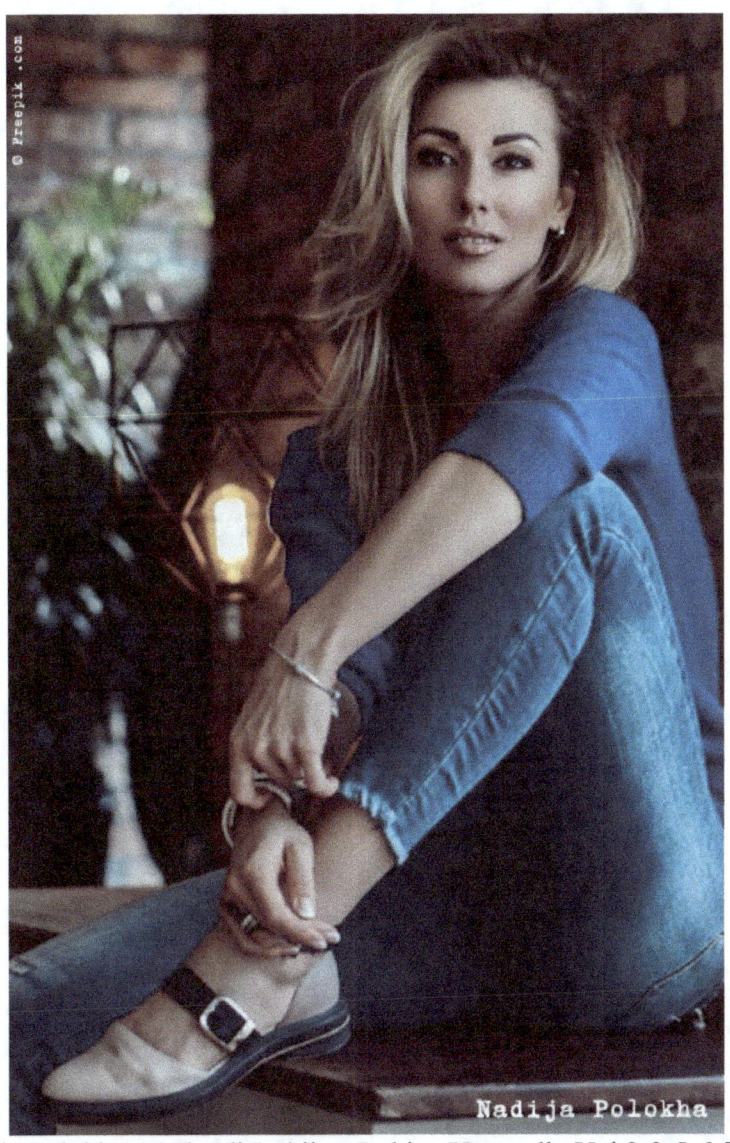

Nadija Polokha. Madre di Isakija e Lukian Yaropolk. Vol.2-3-5-6-7

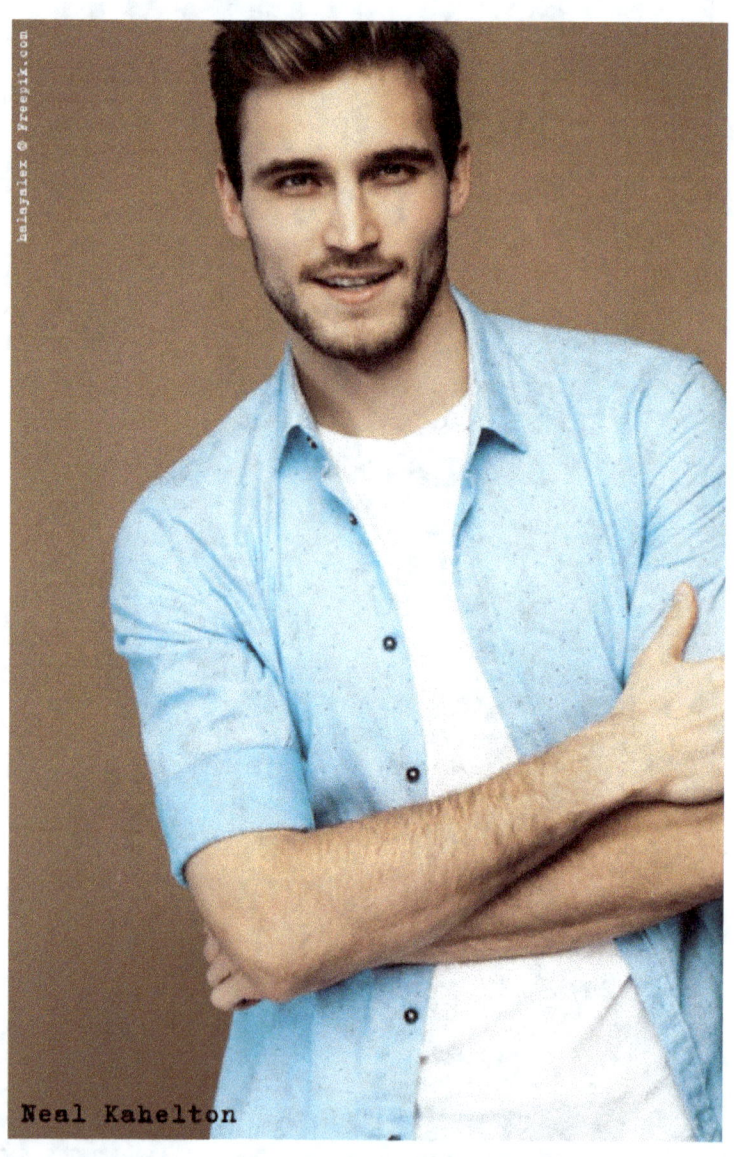

Neal Kahelton

Neal Kahelton. Migliore amico di Raphael e Filippo Lombardo-Kent. Amante di Filippo Lombardo-Kent. Vol.3

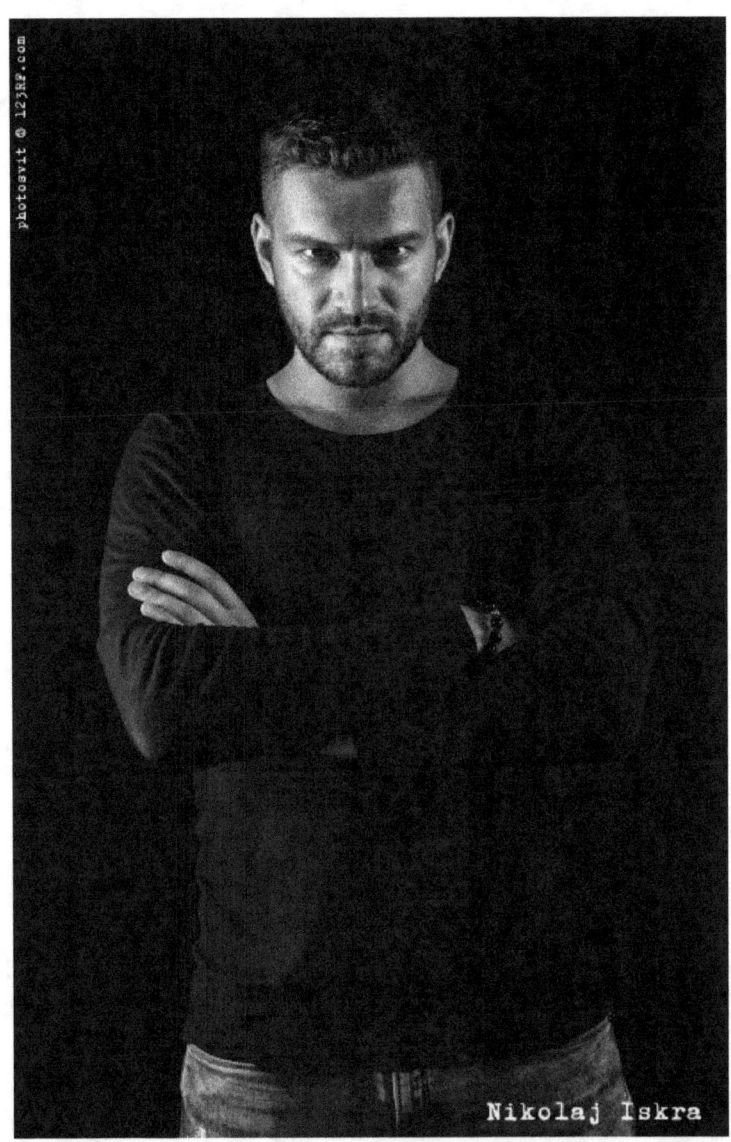

Nikolaj Iskra. Figlio di Sergey Iskra e Zanaida Klavdija. Fratello maggiore di Maksim Iskra. Cugino di Gabriele e Tommaso Castellano. Cugino di Raphael e Filippo Kent-Lombardo. Padre di Aleksander Morathok. Pakhan della Bratva. 39 anni. Vol.1-2-3-5-6-7

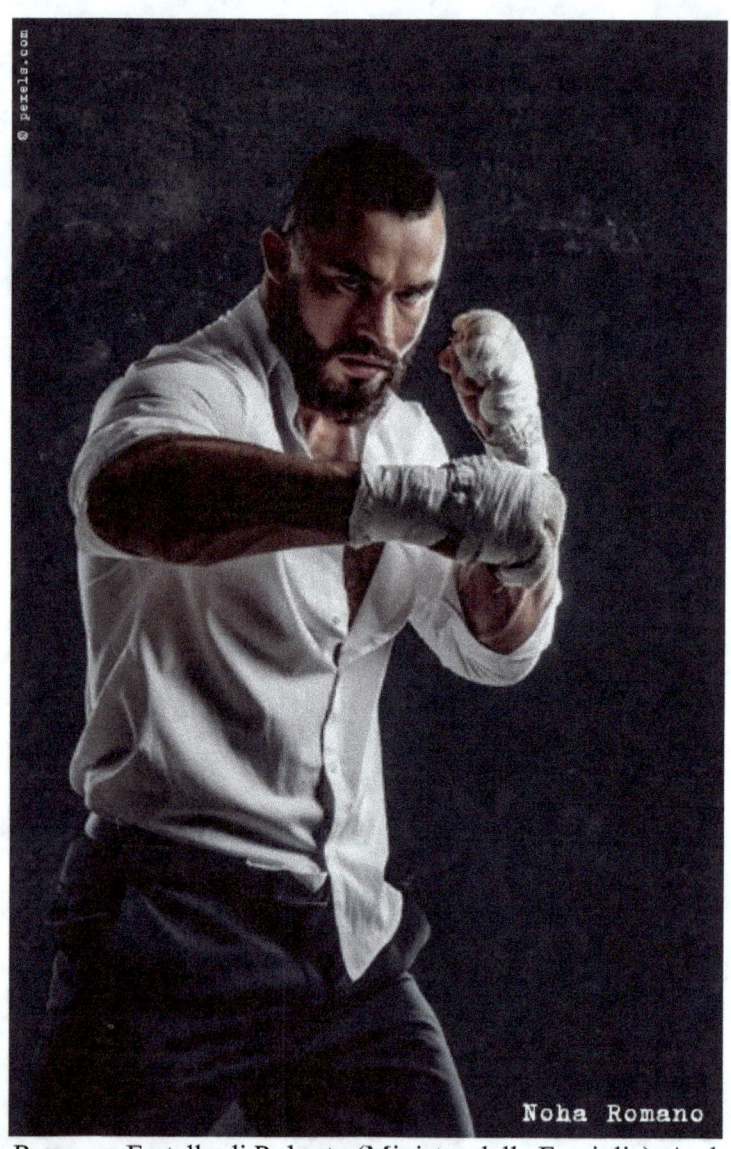

Noha Romano

Noha Romano. Fratello di Roberto (Ministro della Famiglia), Andrea -
(Hacker della Famiglia), Aron, Romeo, Ernesto e Daniel
(Vicepresidente Gruppo Lochan). 45 anni. Vol.4

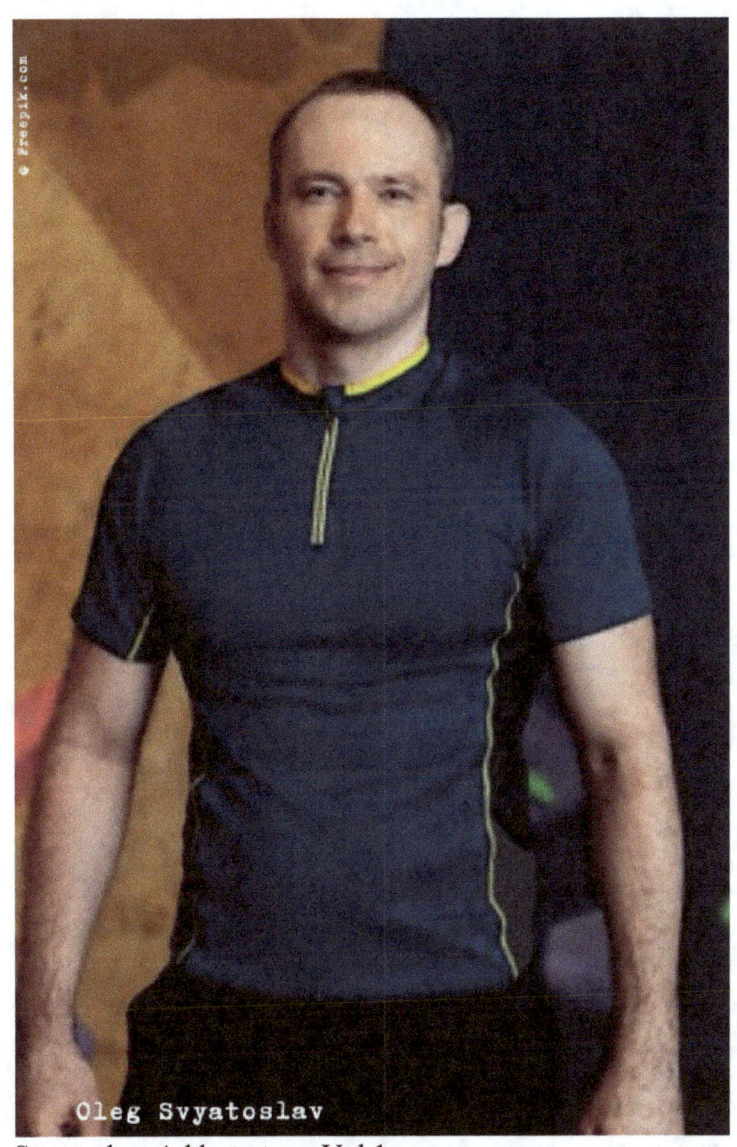

Oleg Svyatoslav. Addestratore. Vol.1

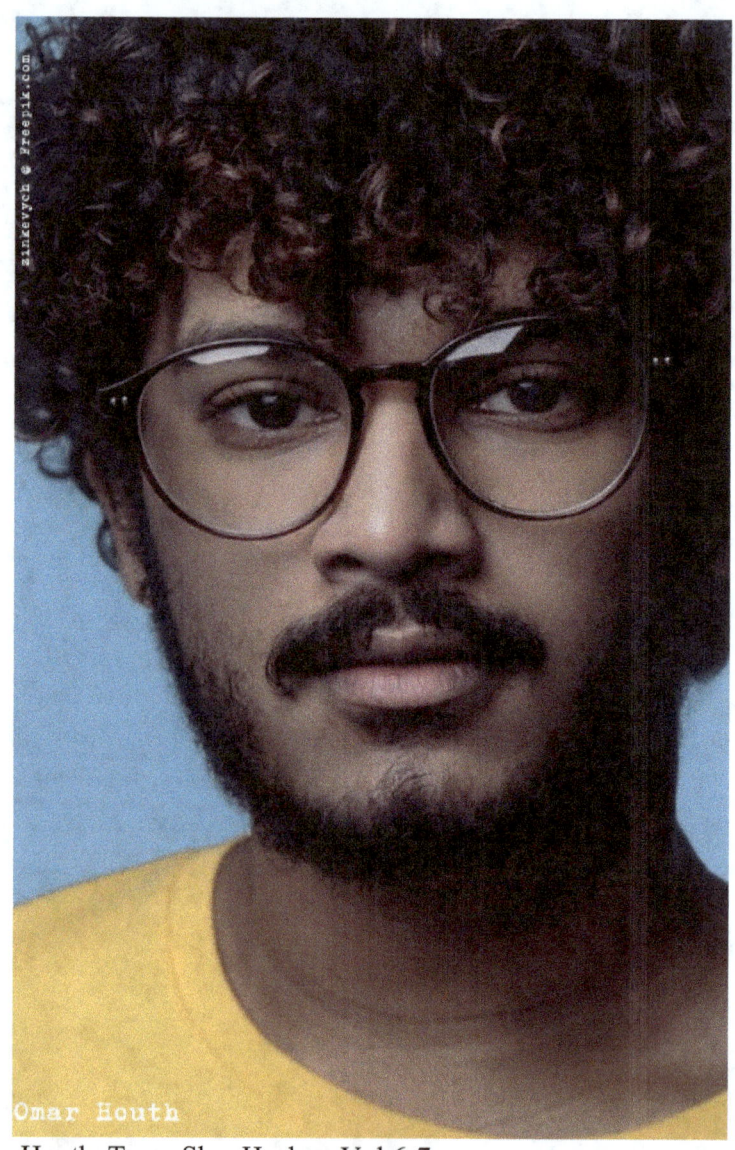

Omar Houth. Team Sky. Hacker. Vol.6-7

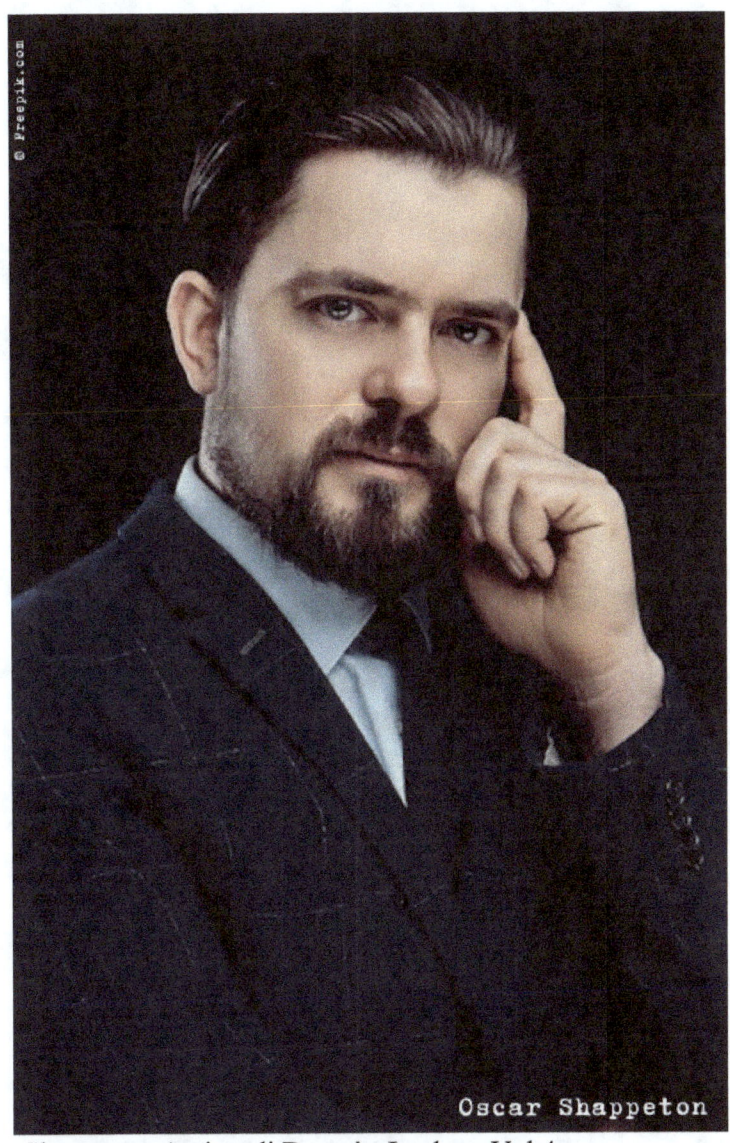

Oscar Shappeton. Autista di Deamàn Lochan. Vol.4

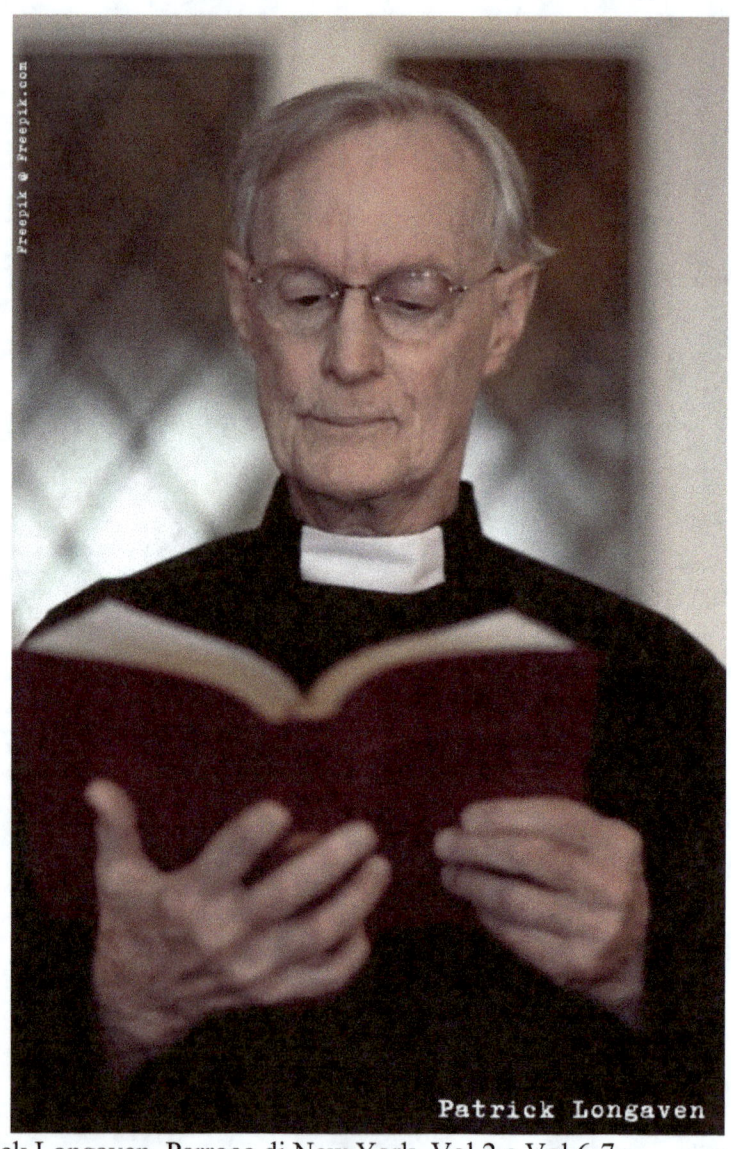

Patrick Longaven. Parroco di New York. Vol.2 e Vol.6-7

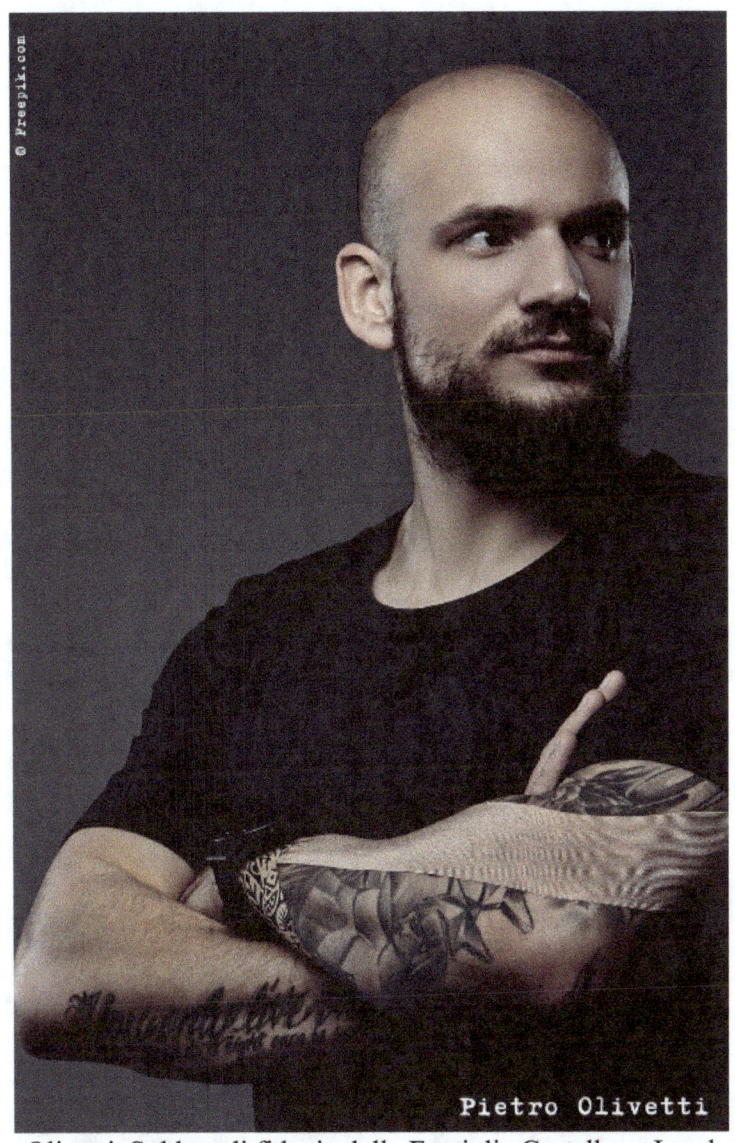

Pietro Olivetti. Soldato di fiducia della Famiglia Castellano-Lombardo. 24 anni. Vol.3

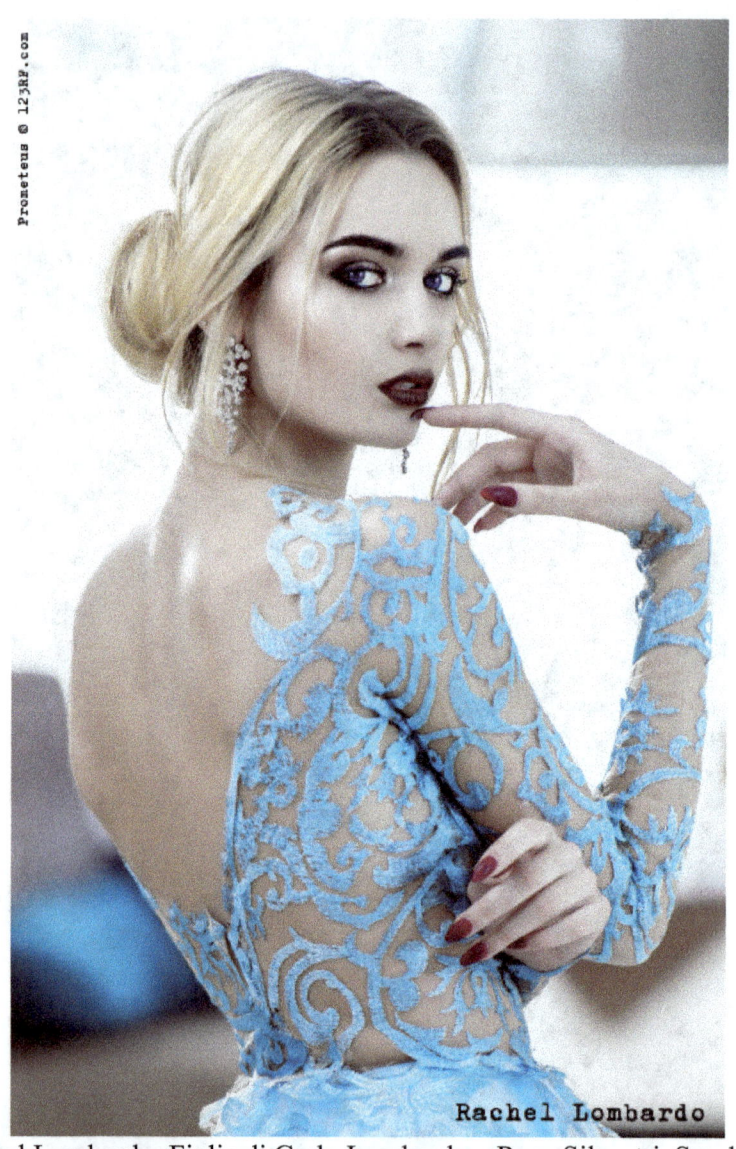

Rachel Lombardo

Rachel Lombardo. Figlia di Carlo Lombardo e Rosa Silvestri. Sorella minore di Sole Lombardo. Nipote di Raphael e Filippo Kent-Lombardo e di Luca Lombardo. Cugina di Antonio e Giorgio Lombardo. Capo della famiglia Lombardo. Moglie di Gabriele Michele Castellano. 20 anni. Vol.1-2-3-4-5-6-7

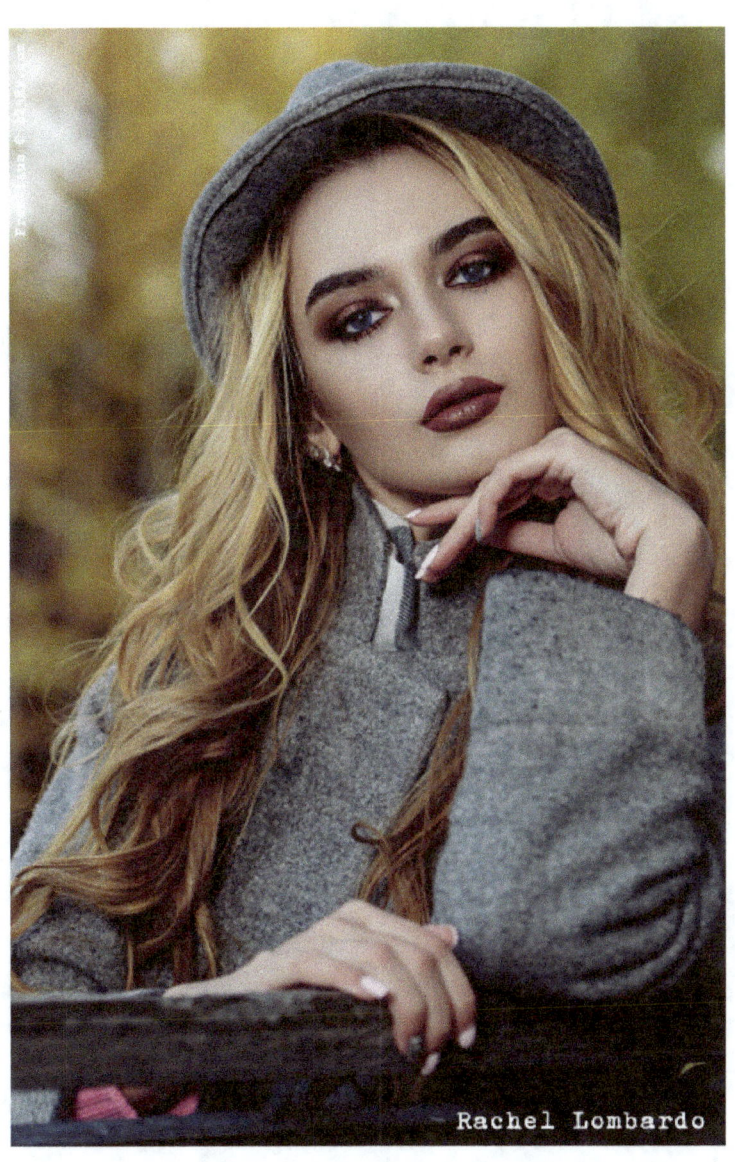

Rachel Lombardo

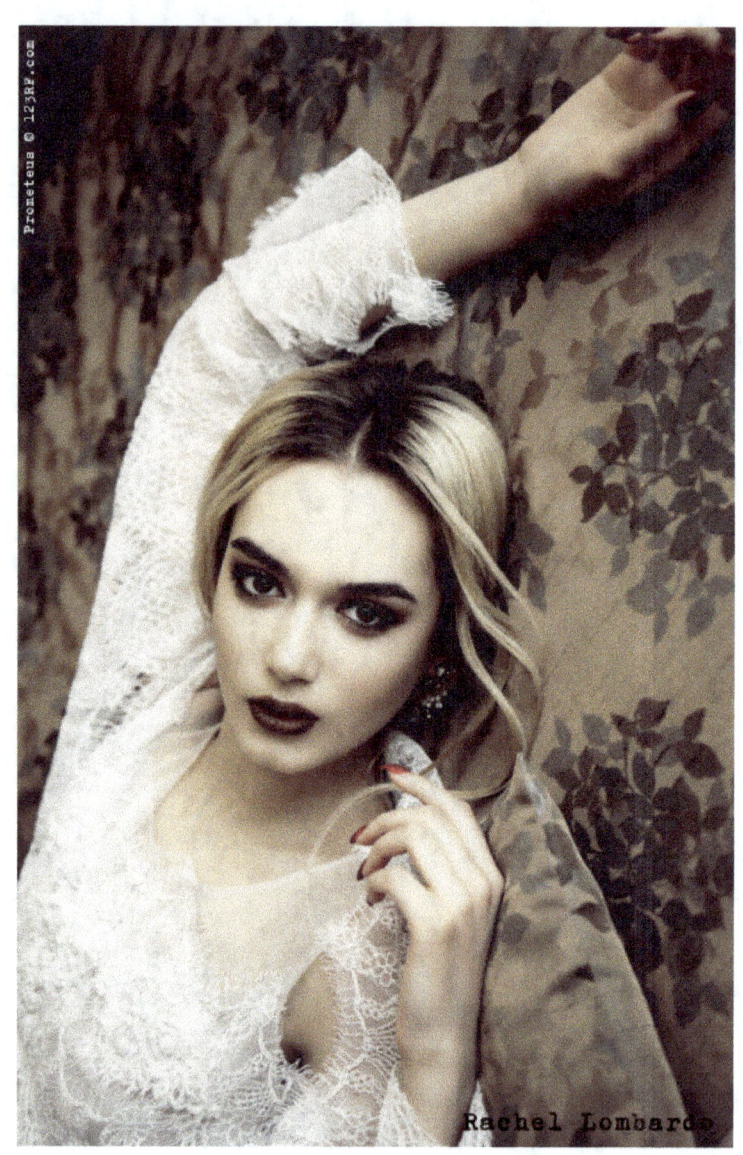

Rachel Lombardo

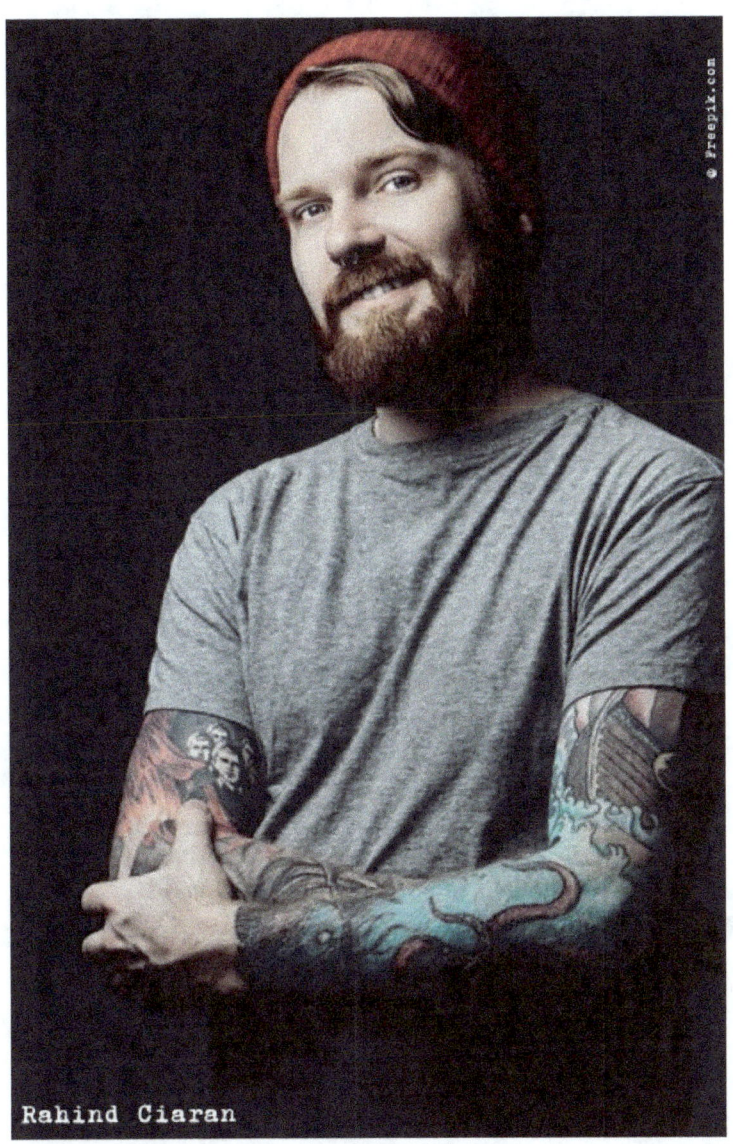

Rahind Ciaran. Recluta Clan Irlandese. Vol.6

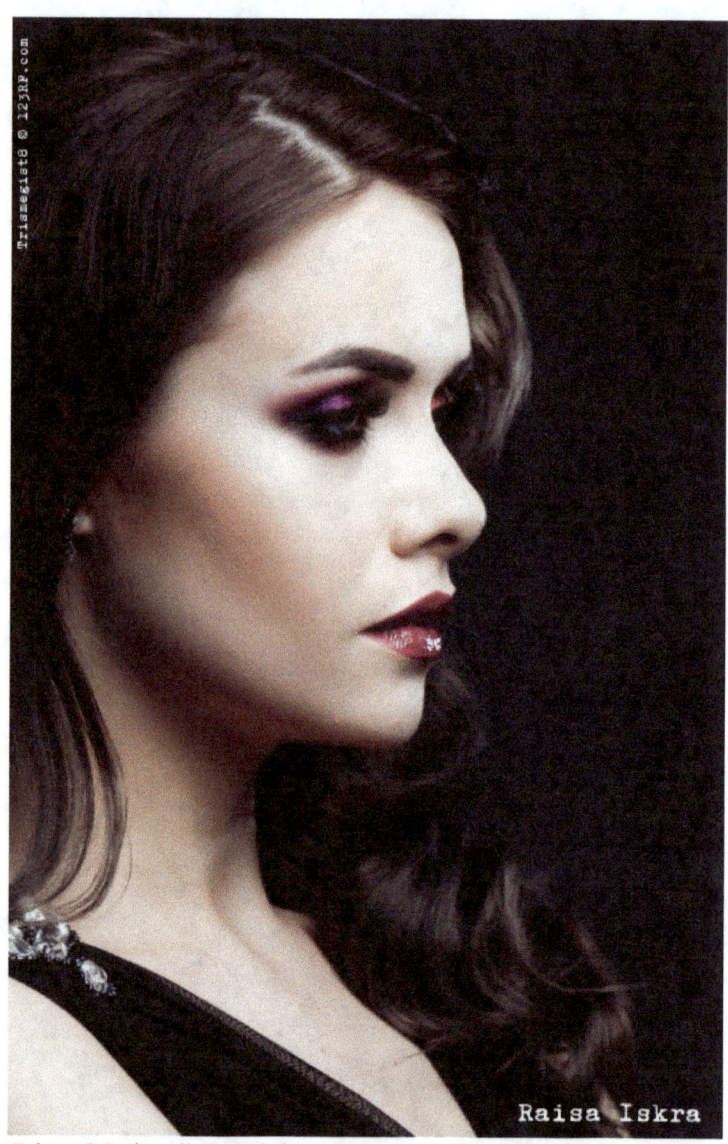

Raisa Iskra

Raisa Iskra. Madre di Gabriele e Tommaso Castellano, Raphael e Filippo Lombardo. Moglie di Vittorio Castellano. Moglie di Lucas Kendall. Sorella di Sergey Iskra. Figlia di Gektor Iskra e Zora Ostromir. 57 anni. Vol.1-2-3-5-6-7

Kendra Maurilio Gonzalo. Alias di Raisa Iskra. Vol.6-7

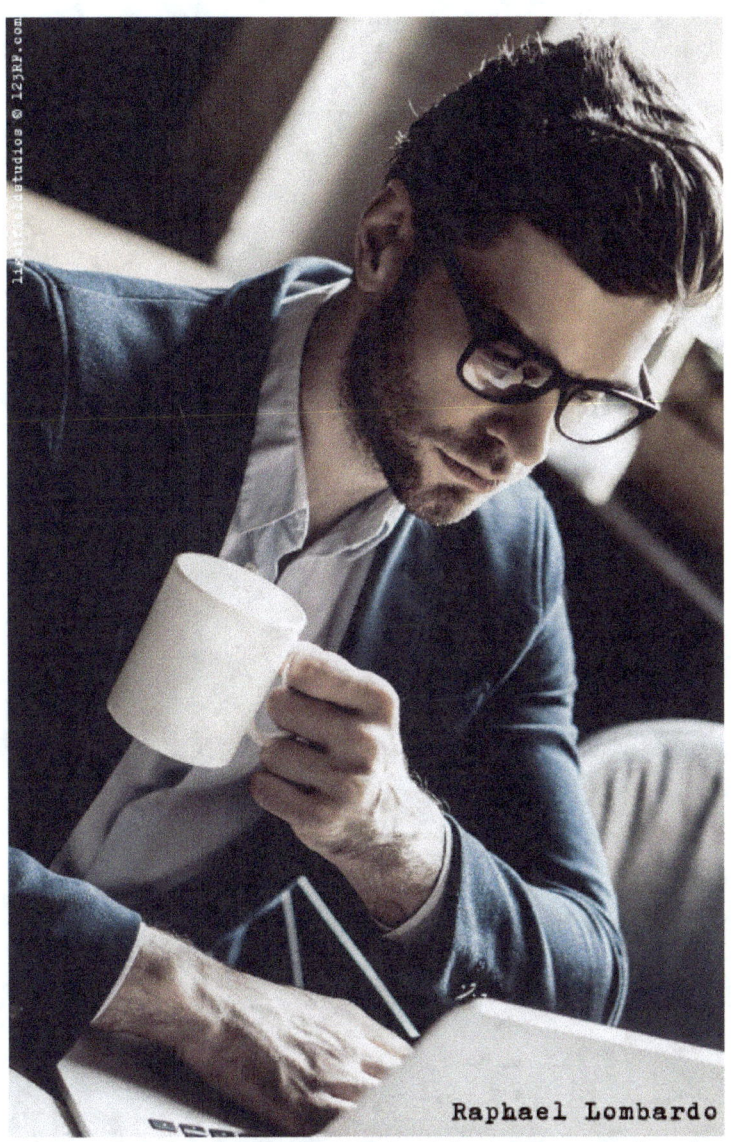

Raphael Lombardo

Raphael Kent-Lombardo. Figlio di Raisa Iskra e Vincenzo Lombardo. Figlio adottivo di Jhaden Kent e Tracy Hungher. Fratello gemello di Filippo. Zio di Rachel e Sole Lombardo. Fratellastro di Gabriele e Tommaso Castellano. Fratellastro di Carlo e Luca Lombardo. Cugino di Nikolaj e Maksim Iskra. Fidanzato di Katherine Pottemanh. 36 anni. Vol.1-2-3-5-6-7

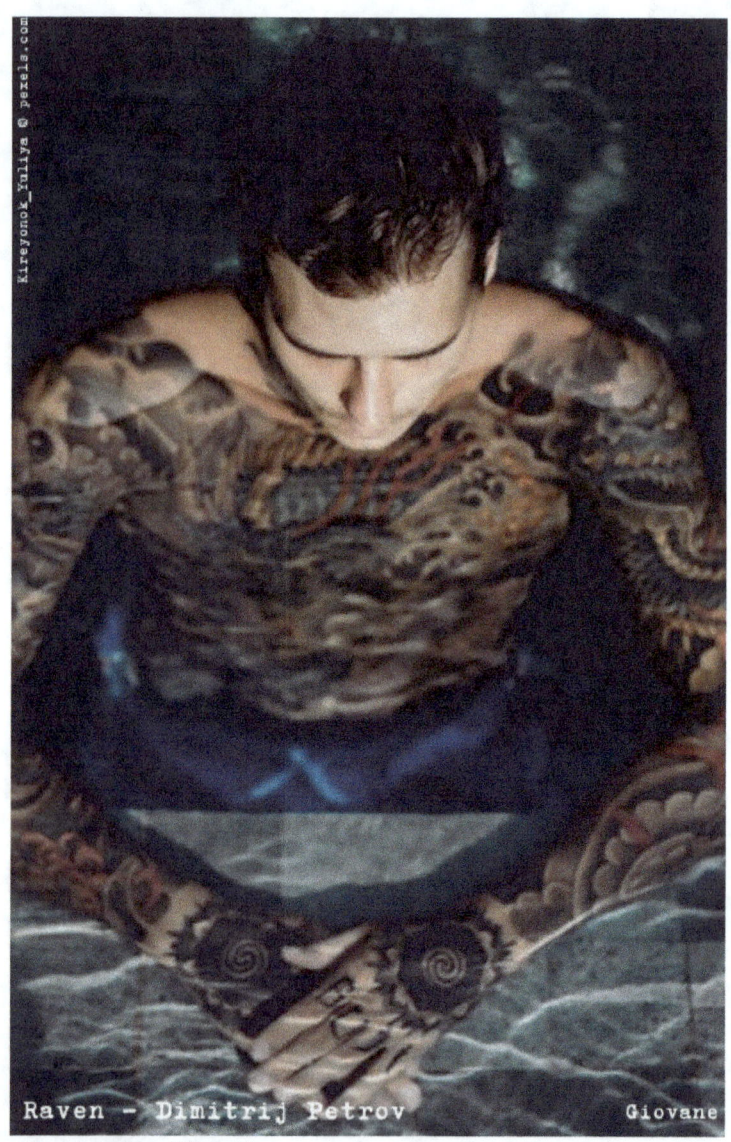

Raven da giovane. 20 anni.

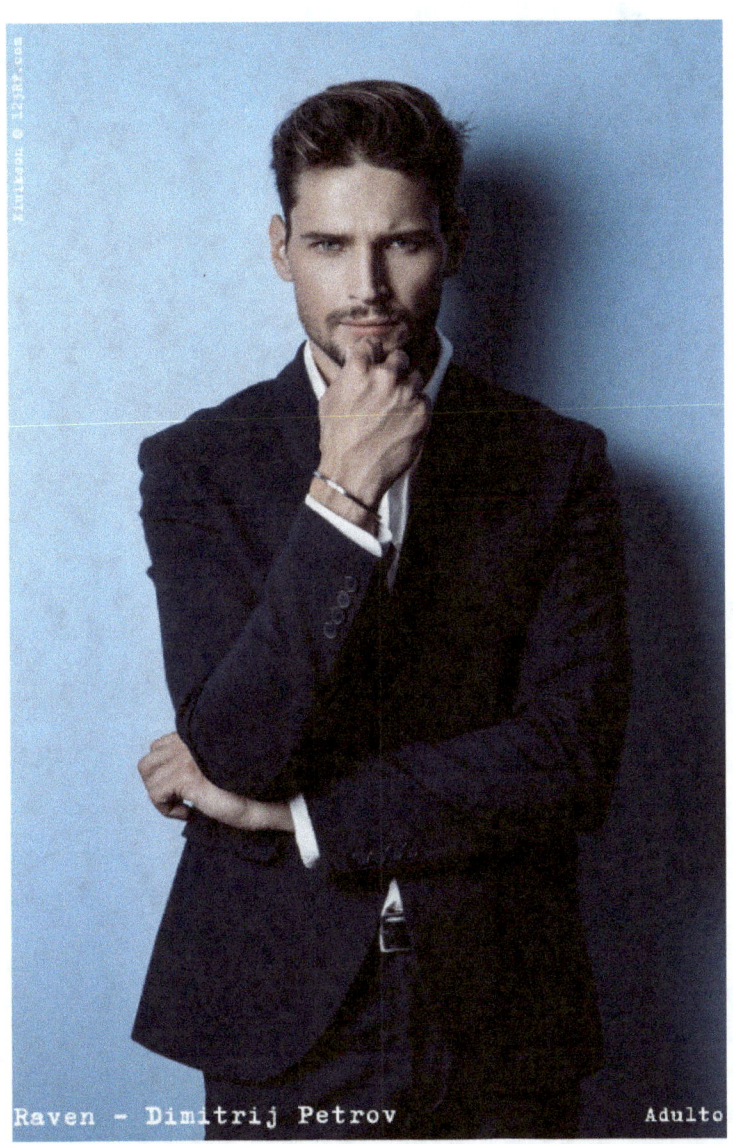

Raven - Dimitrij Petrov   Adulto

Raven. Dimitrij Petrov. Figlio di Evgenij Petrov e Svetlana Nathash, fratellastro di Andrey e Katja Petrov. Nipote di Roman Petrov. 19 anni dopo. 39 anni. Vol.3-4-6-7

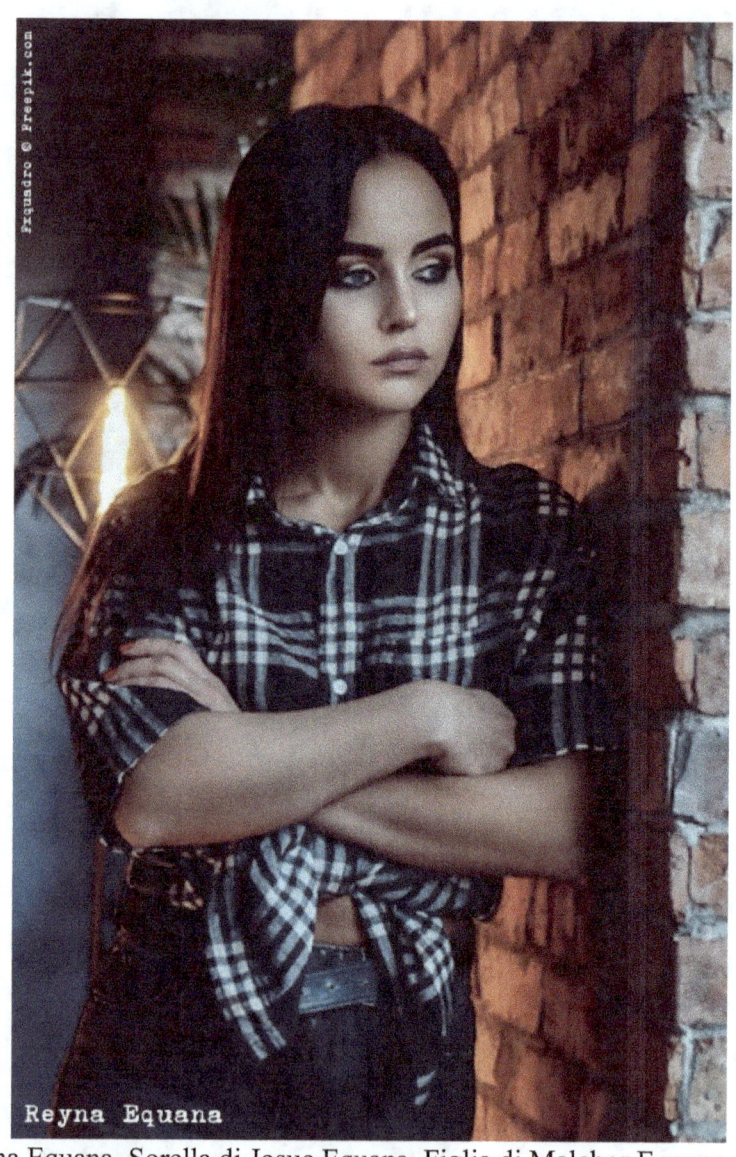

Reyna Equana. Sorella di Josue Equana. Figlia di Malchor Equana e Carmelita Elahrar. Moglie di Khristofor Knasnov. Vol.6-7

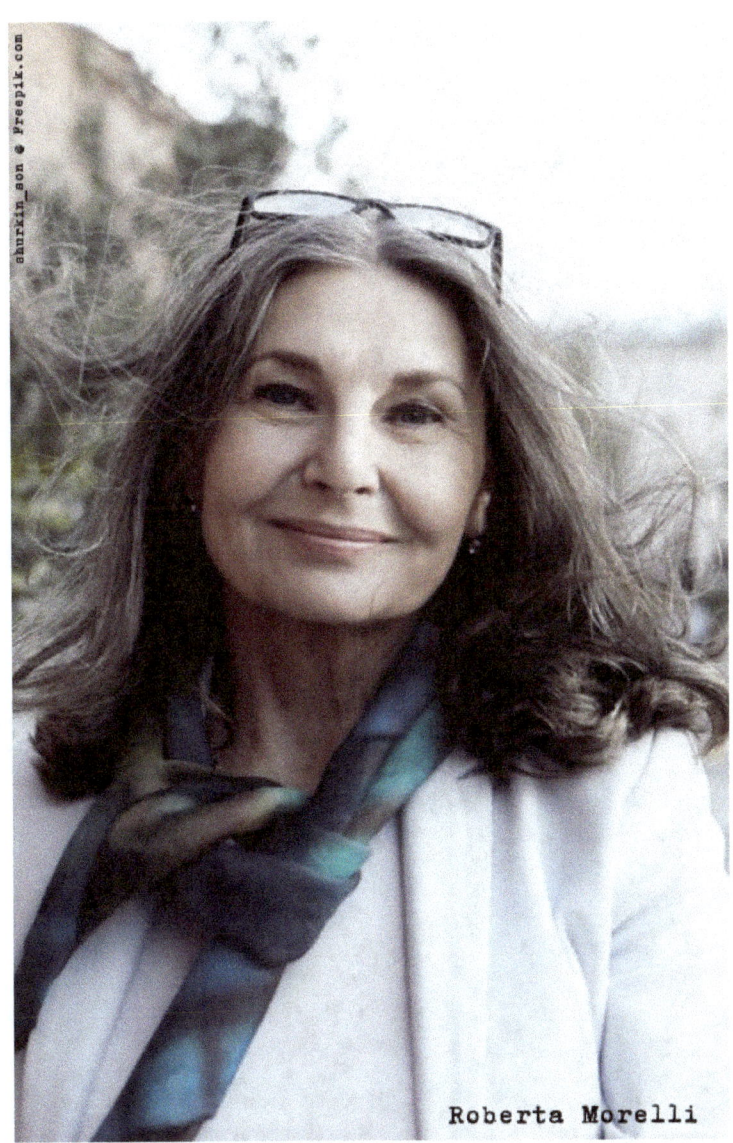

Roberta Morelli

Roberta Morelli. Governante famiglia Castellano. 70 anni. Vol.1-2-3-6-7

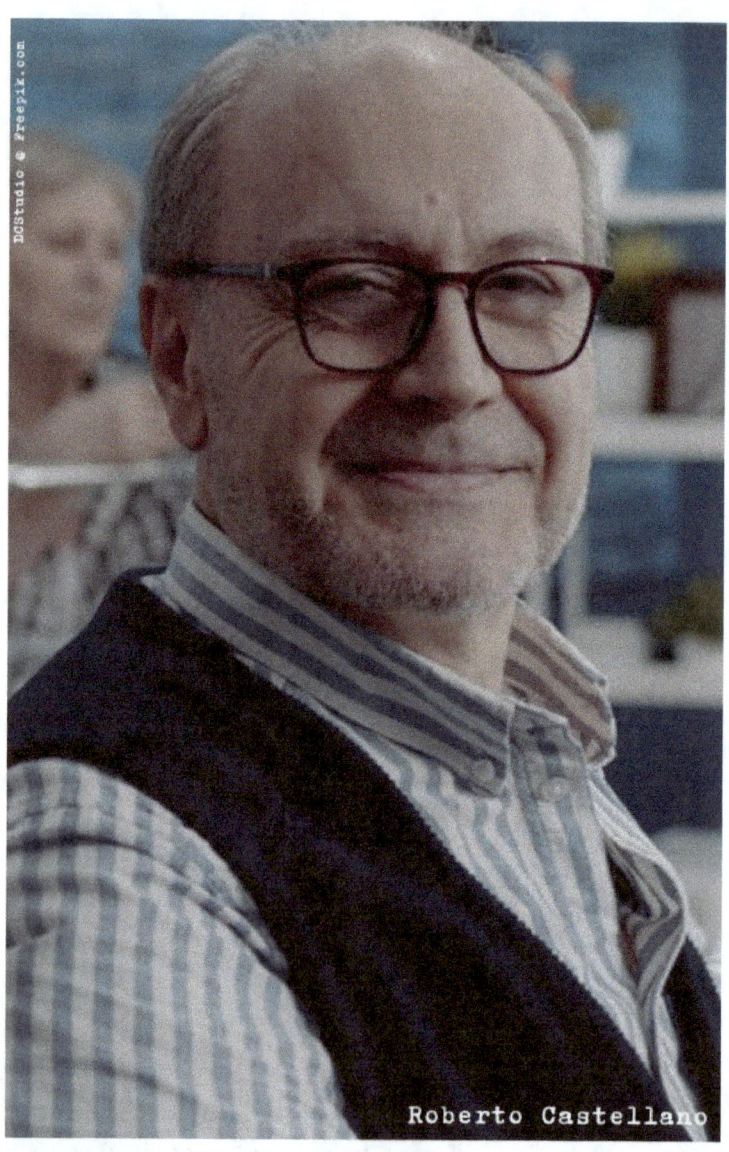

Roberto Castellano. Fratello minore di Vittorio Castellano e Ludovico Castellano. Fratello maggiore di Meredith Castellano. Marito di Gwyneth Shia e padre di Luck e Matteo Castellano. 57 anni. Vol-1-2

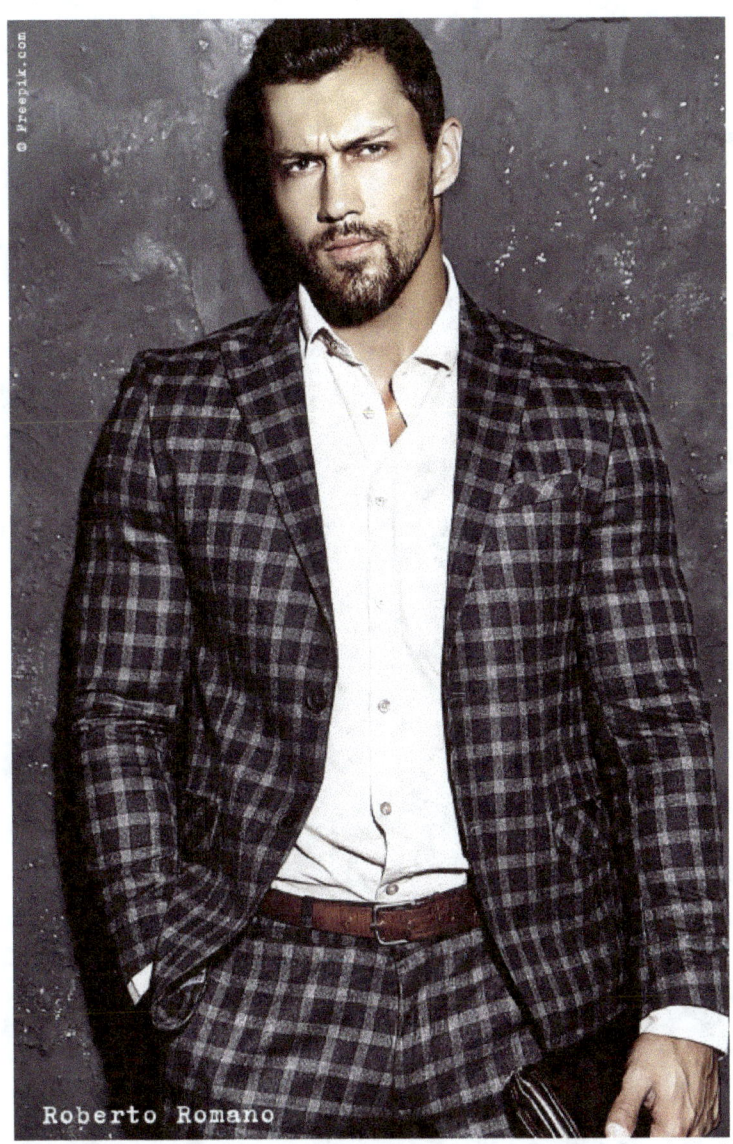

Roberto Romano. Fratello maggiore di Andrea Romano (Hacker della Famiglia), Noha, Aron, Ernesto e Daniel (Vicepresidente Gruppo Lochan). Ministro della Famiglia. 46 anni. Vol.1-2-3-6-7

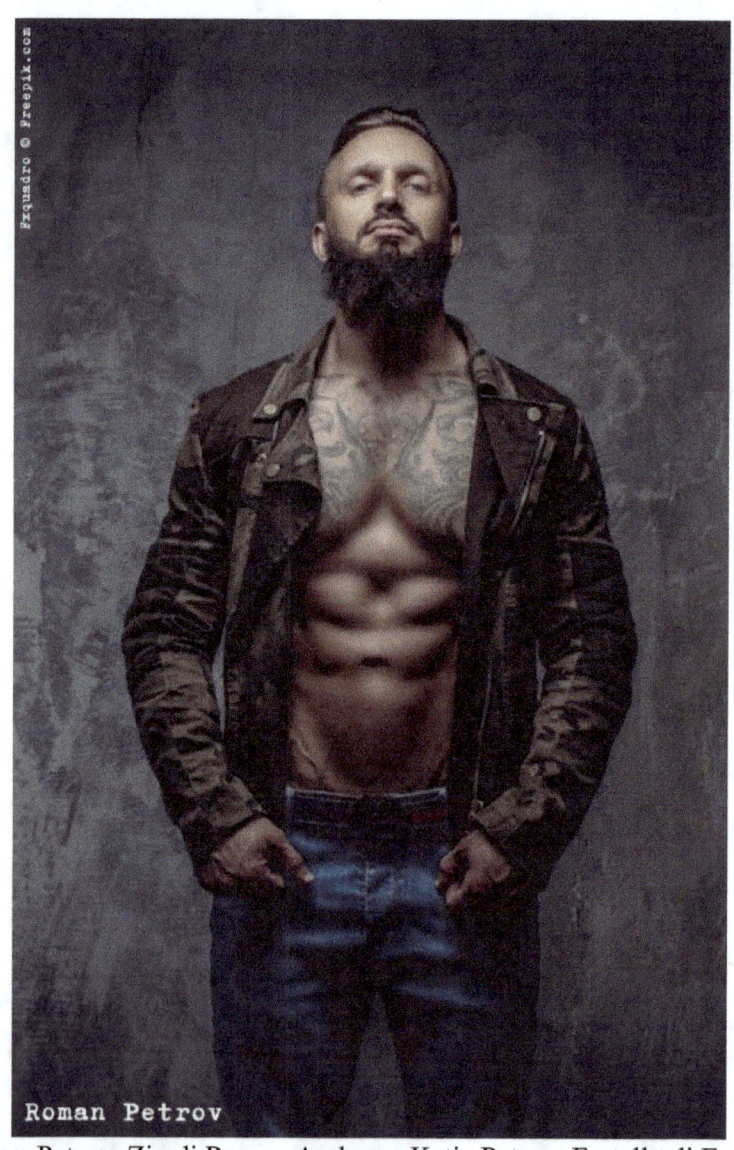

Roman Petrov

Roman Petrov. Zio di Raven, Andrey e Katja Petrov. Fratello di Evgenij Petrov. Capo dei Lupi di Tambov. Vol.6-7

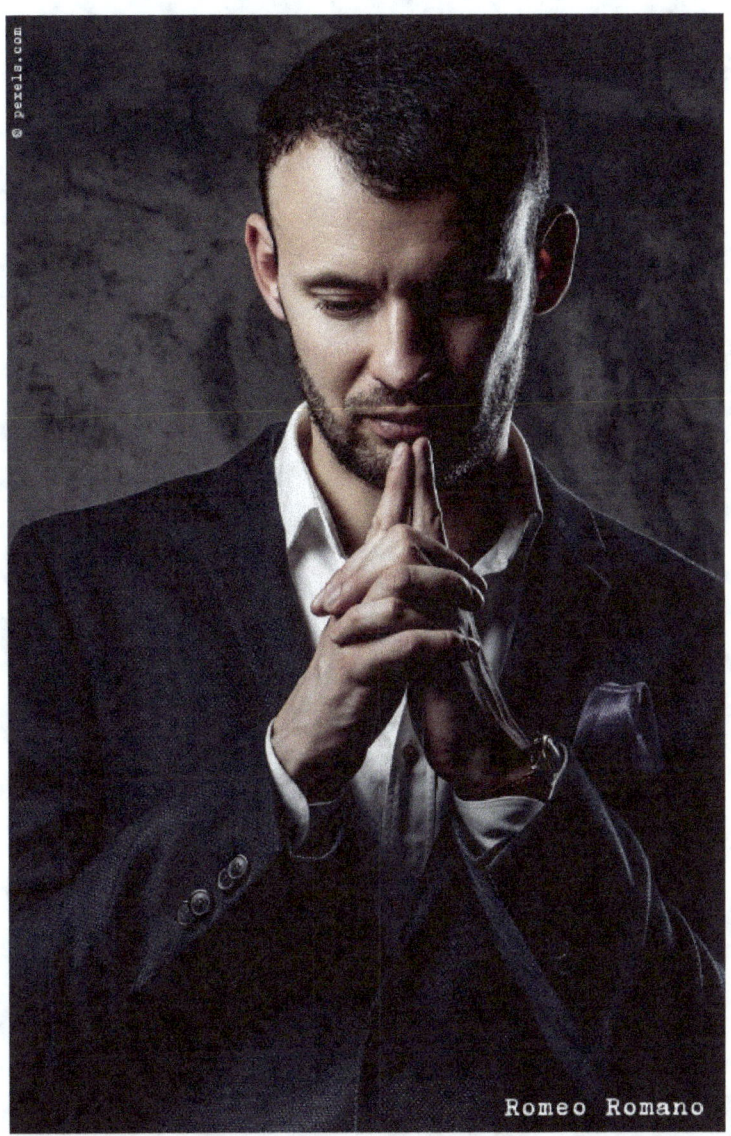

Romeo Romano

Romeo Romano. Fratello di Roberto (Ministro della Famiglia), Andrea (Hacker della Famiglia), Noha, Aron, Ernesto e Daniel (Vicepresidente Gruppo Lochan). 40 anni. Vol.4

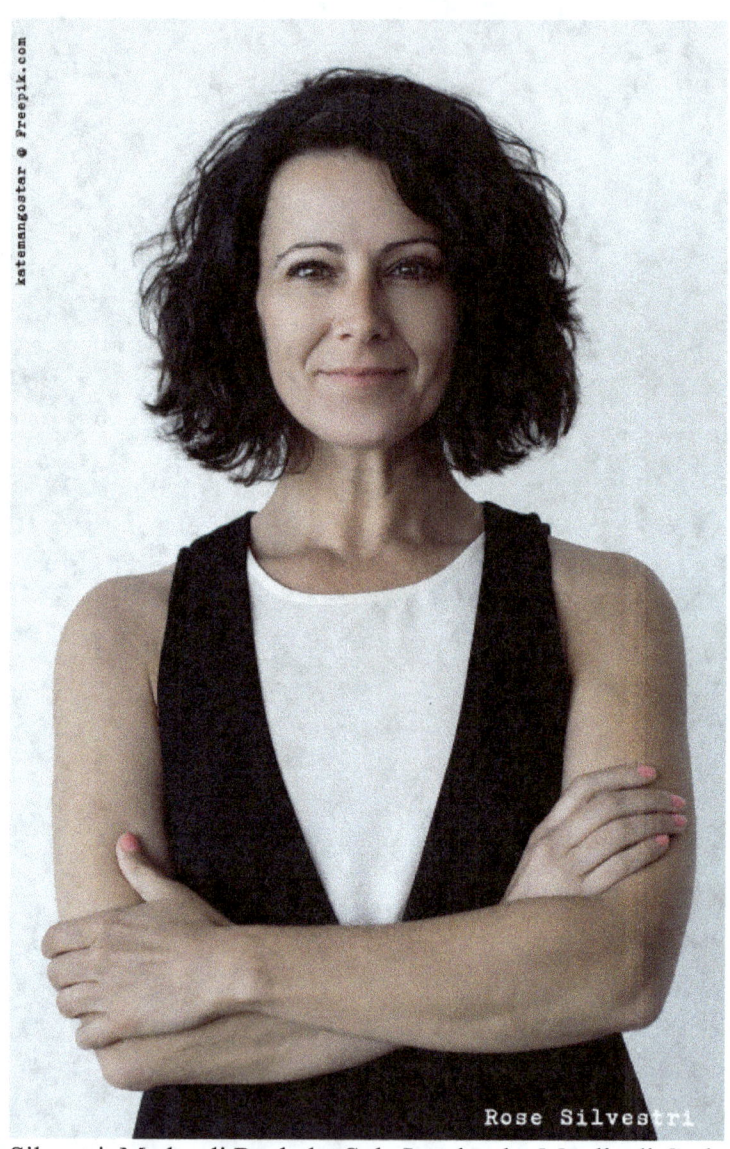

Rose Silvestri. Madre di Rachel e Sole Lombardo. Moglie di Carlo
Lombardo. 51 anni. Vol.1-2

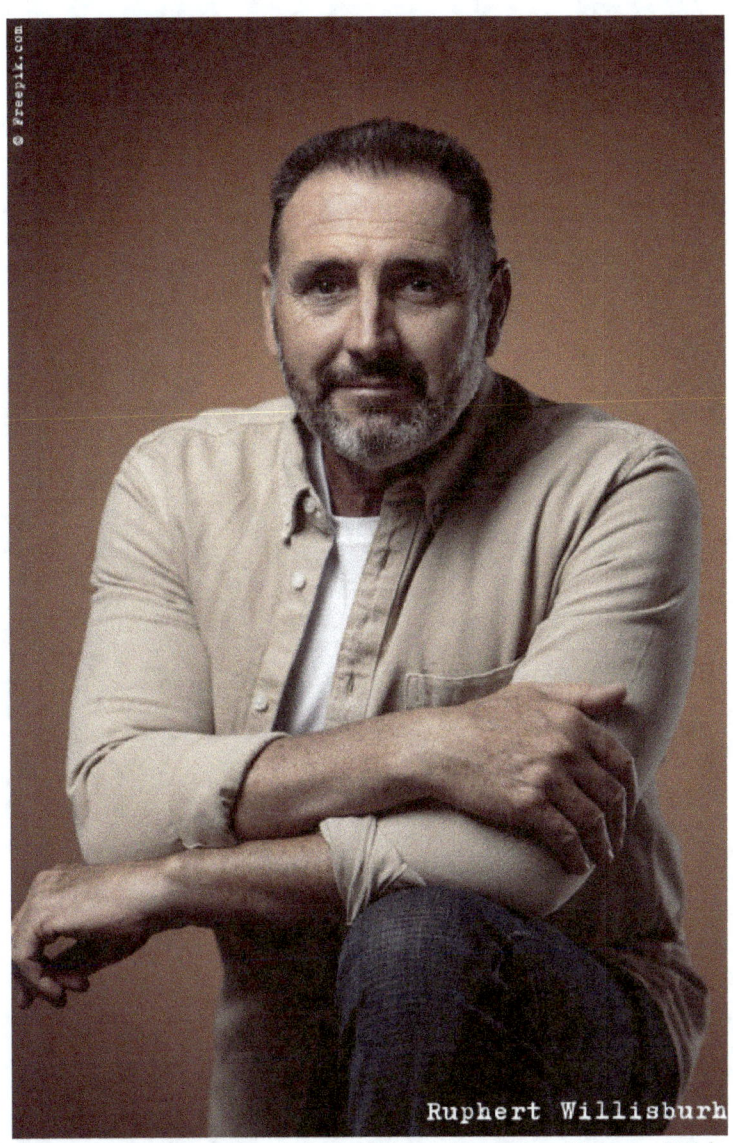

Rubhert Willisburh. Marito di Jolie Khaund e padre di Snow White
Willisburh. Vol.4

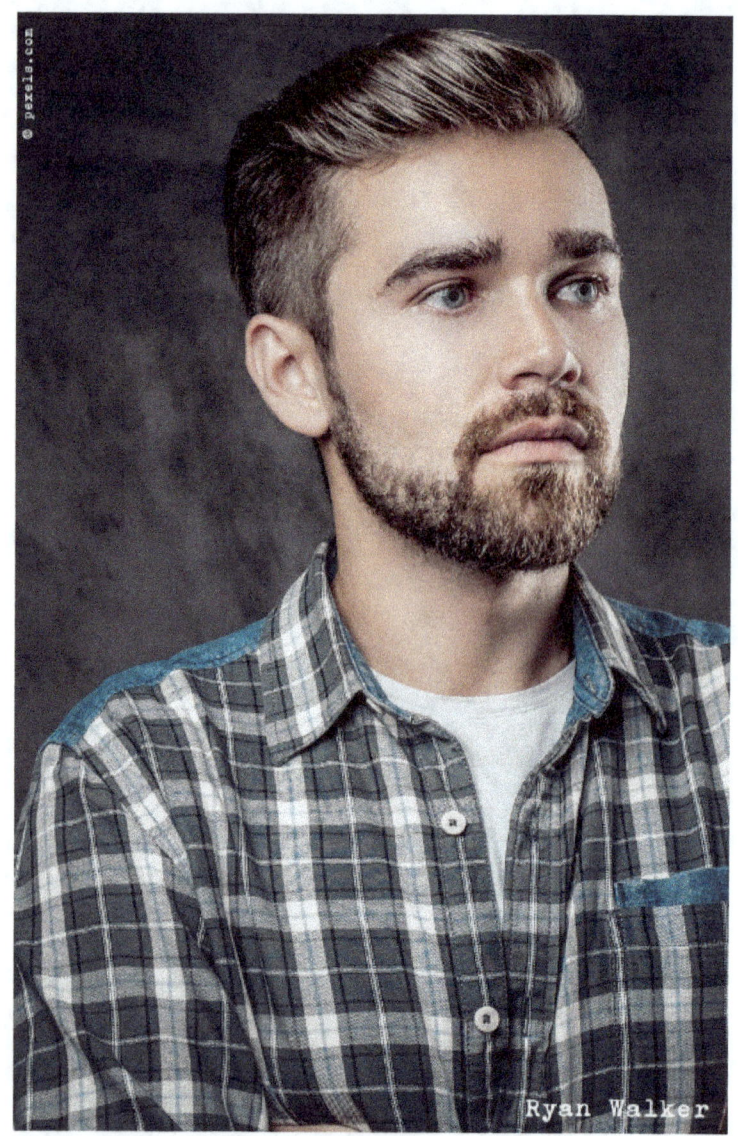

Ryan Walker. Figlio di Benjamin Walker e Alison Robinshon.
Fratellastro di Deamàn Lochan. Ex fidanzato di Snow White
Willisburh. Vol.4-6

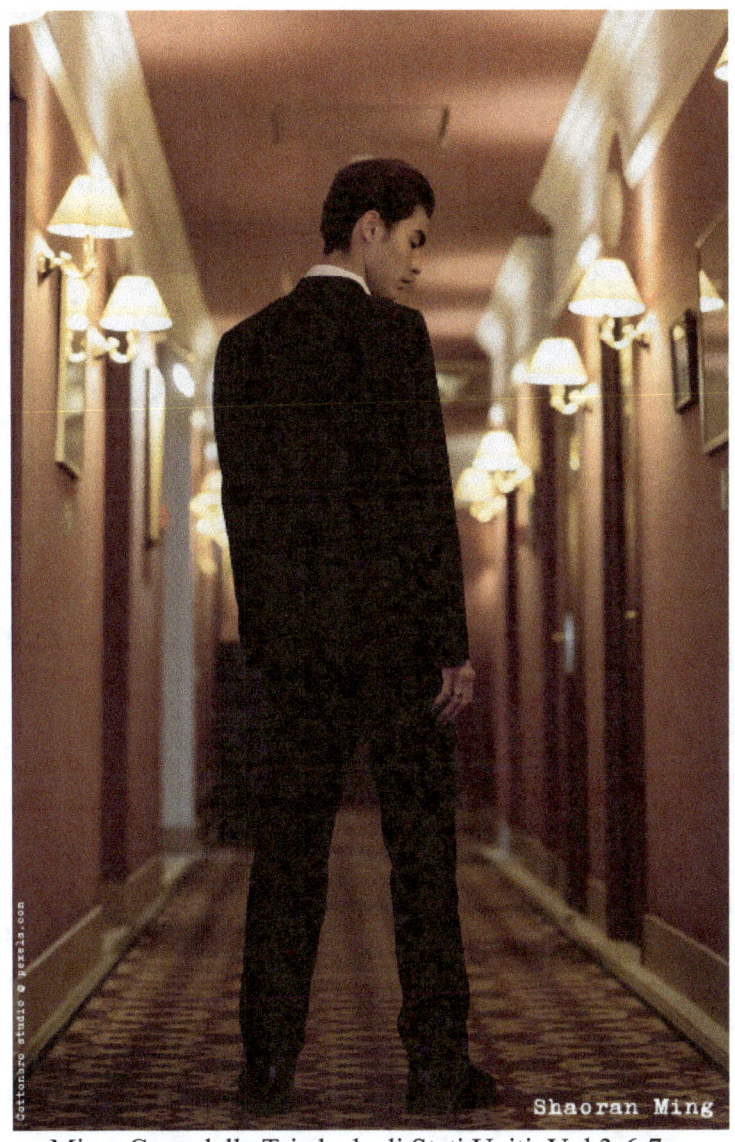

Shaoran Ming. Capo della Triade degli Stati Uniti. Vol.3-6-7

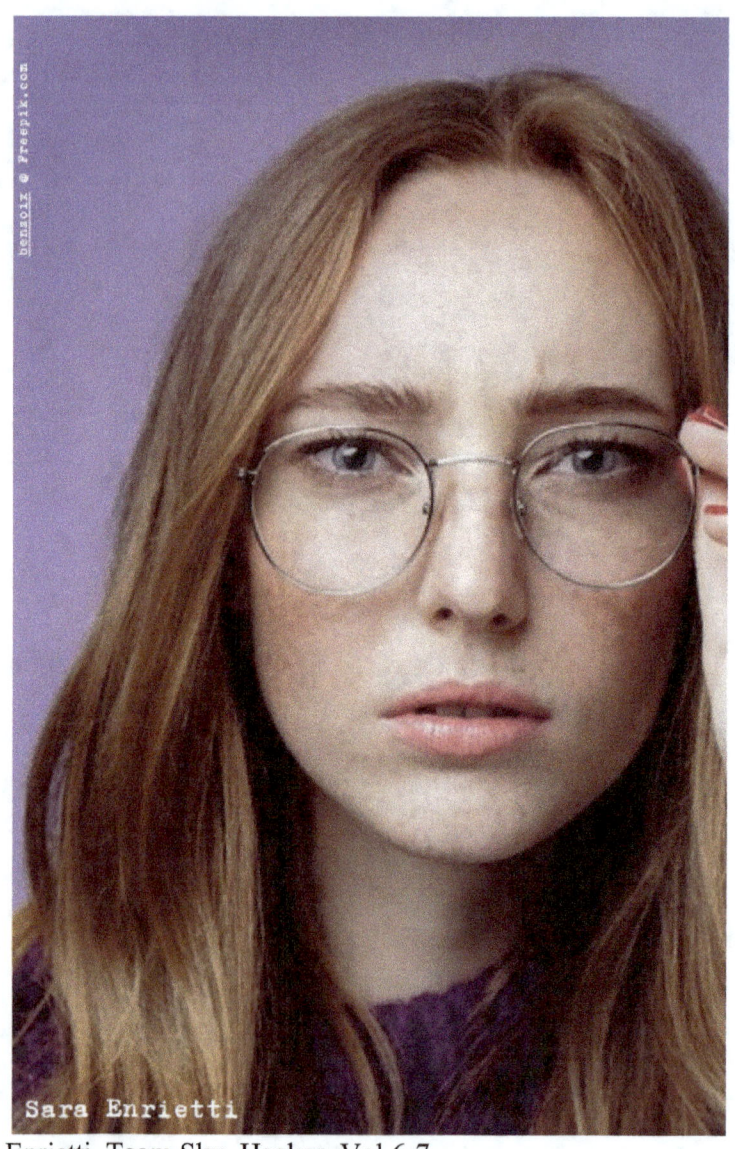

Sara Enrietti. Team Sky. Hacker. Vol.6-7

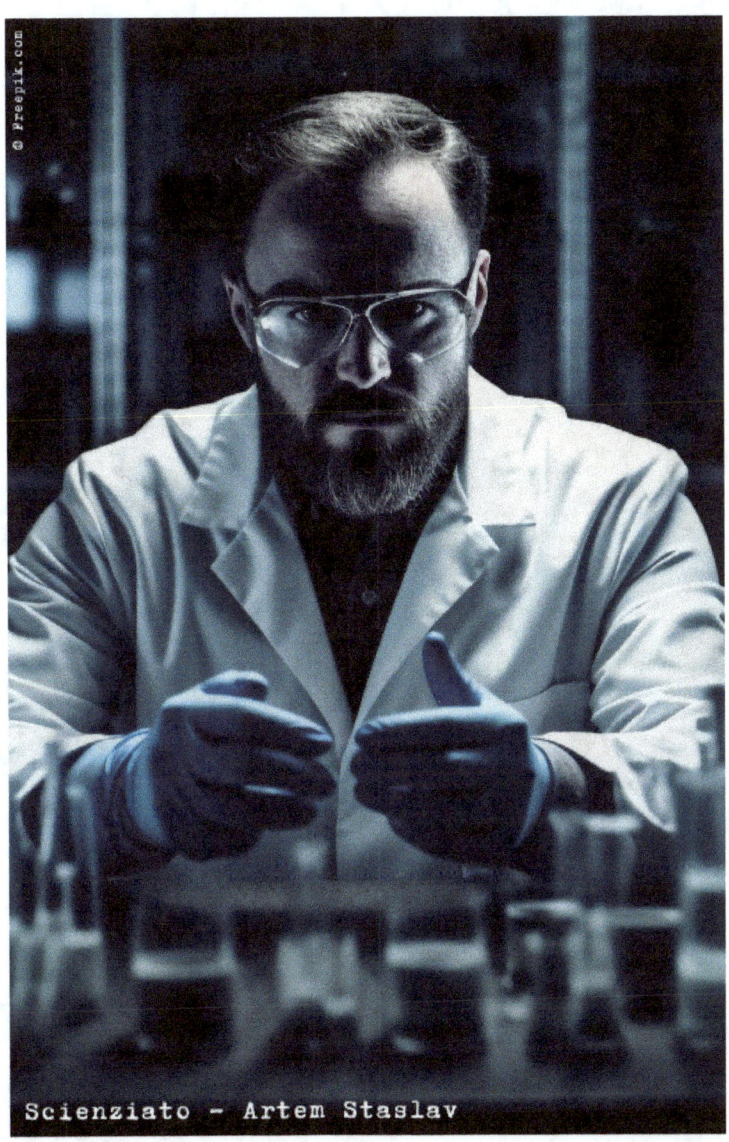

Scienziato - Artem Staslav

Scienziato. Artem Staslav. Vol.6

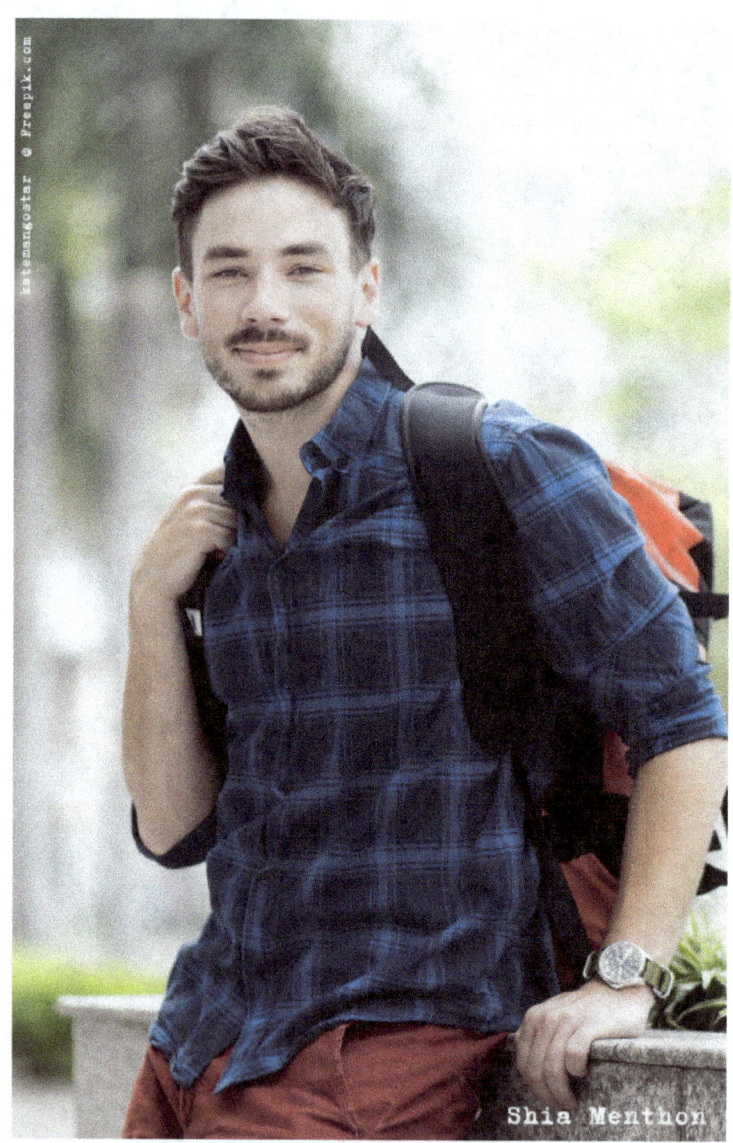

Shia Menthon. Studente Columbia Univesity. 20 anni. Vol.3

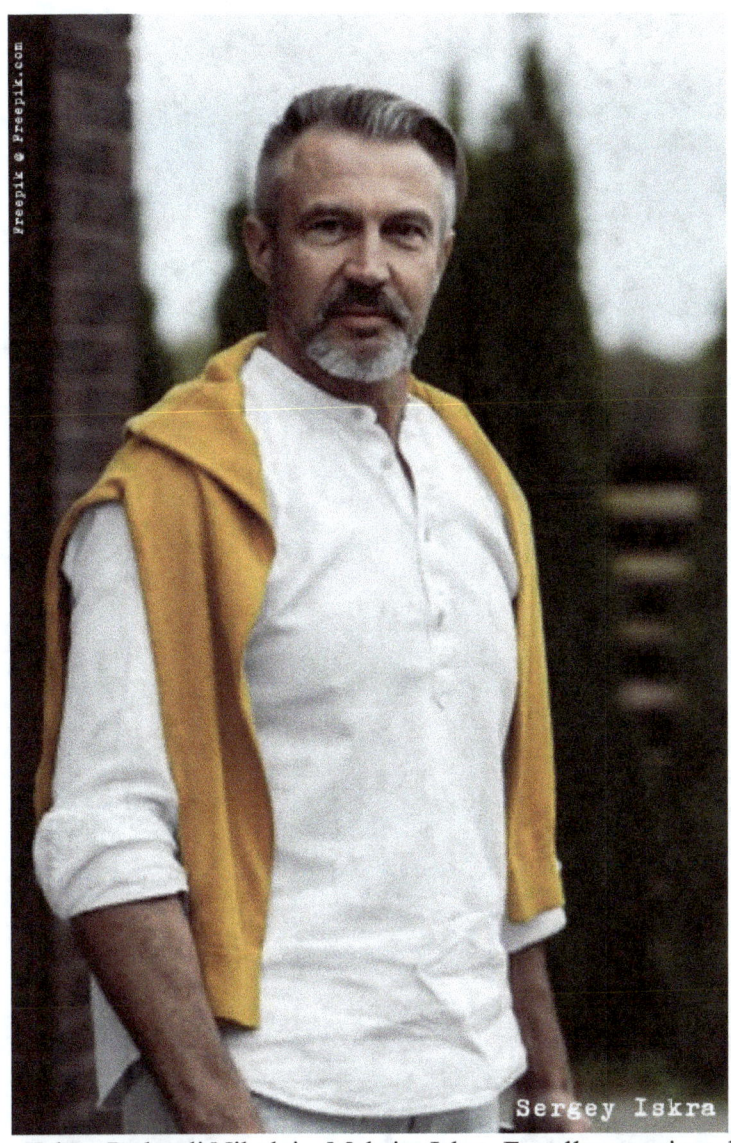

Sergey Iskra. Padre di Nikolaj e Maksim Iskra. Fratello maggiore di Raisa Iskra. Figlio di Gektor Iskra e Zora Ostromir. Marito di Zanaida Klavdija e Sofiya Ghaliyah. Morto a 58 anni. Vol.1-2-3-6-7

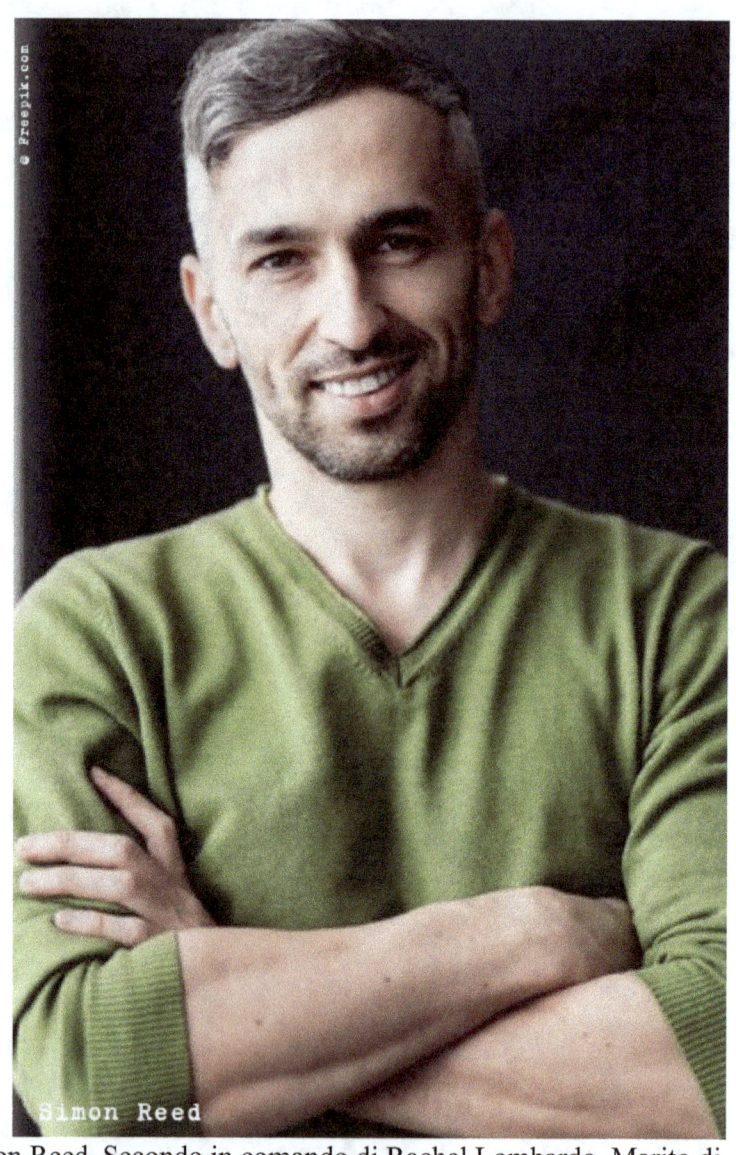

Simon Reed. Secondo in comando di Rachel Lombardo. Marito di Jonathan Pollinerh. 50 anni. Vol.1-2

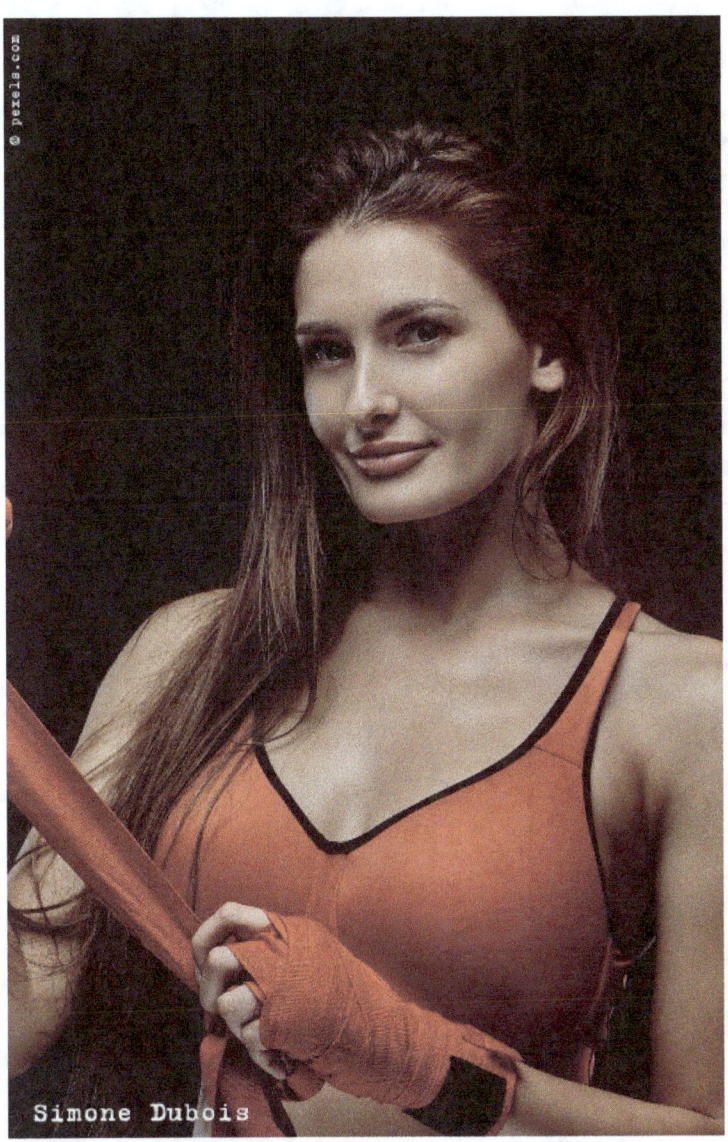

Simone Dubois. Amica di Filippo Lombardo. Socia di Noha e Aron Romano. 32 anni. Vol.3-4-6

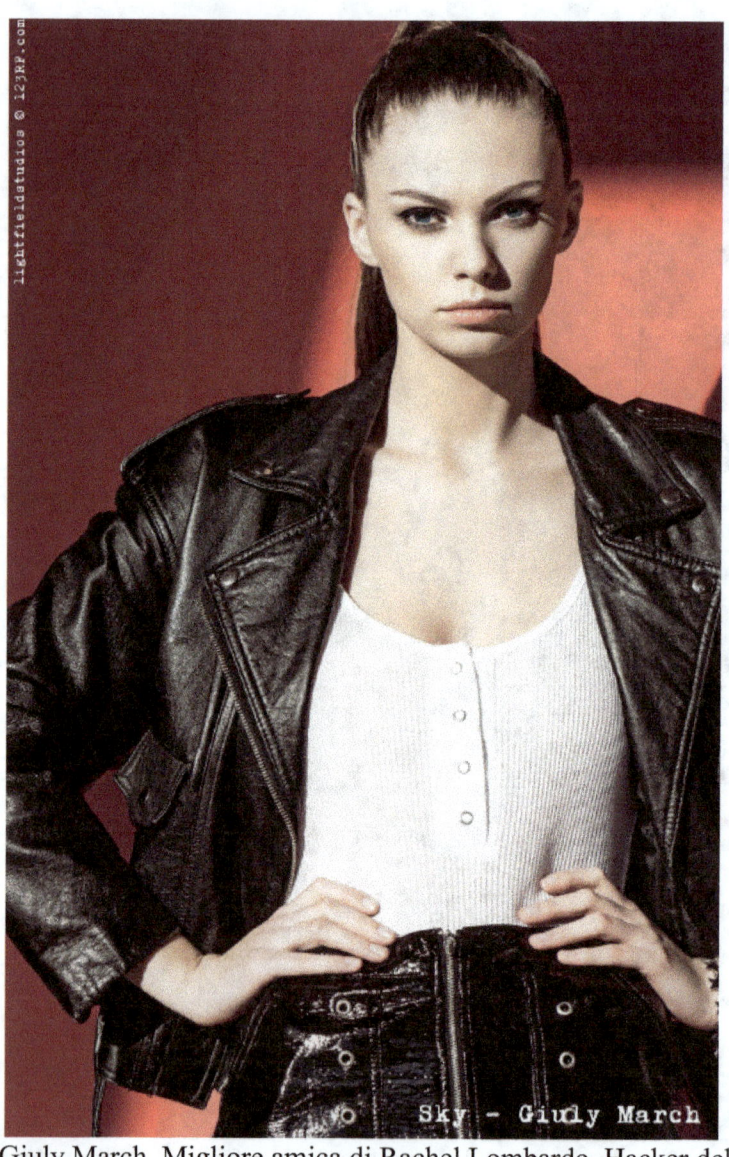

Sky. Giuly March. Migliore amica di Rachel Lombardo. Hacker della famiglia Lombardo. Fidanzata di Tommaso Castellano. 25 anni. Vol.1-2-3-4-5-6-7

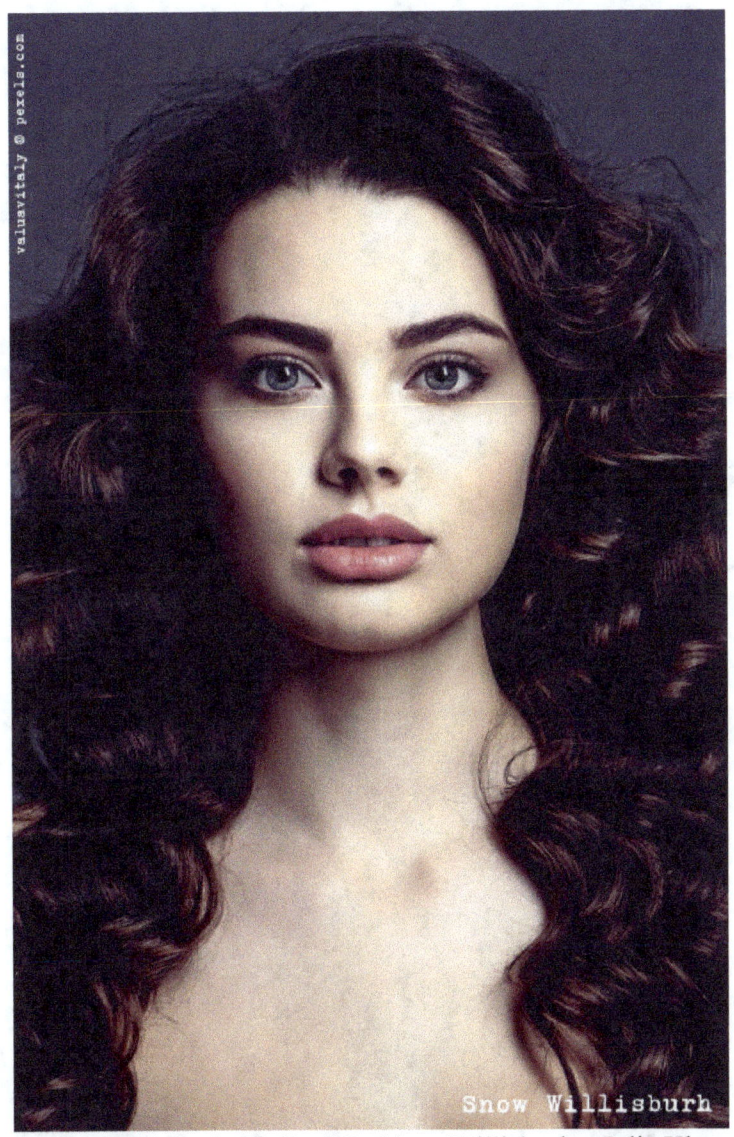

Snow White Willisburh. Figlia di Rubhert Willisburh e Jolie Khaund.
Ex fidanzata di Ryan Walker. Fidanzata di Deamàn Lochan. 21 anni.
Vol.4-6

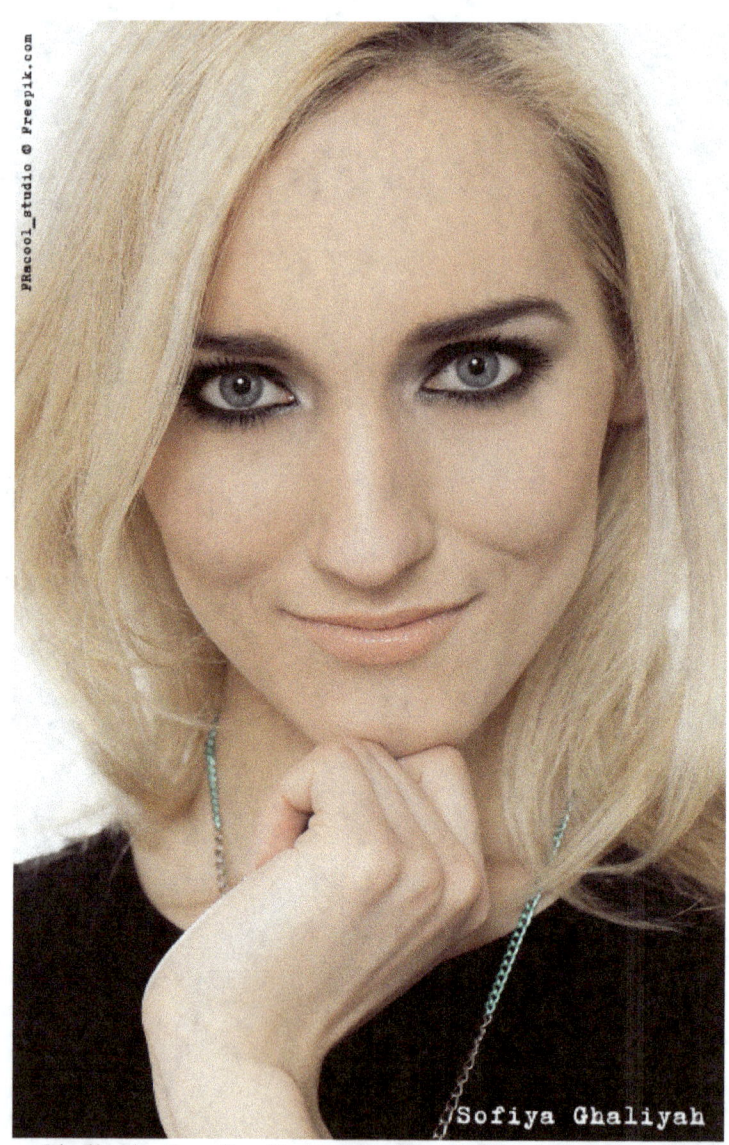

Sofiya Ghaliyah

Sofiya Ghaliyah. Sorella di Anastasija Ghaliyah. Madre di Maksim Iskra. Moglie di Sergey Iskra. Matrigna di Nikolaj Iskra. Morta 8 anni fa.

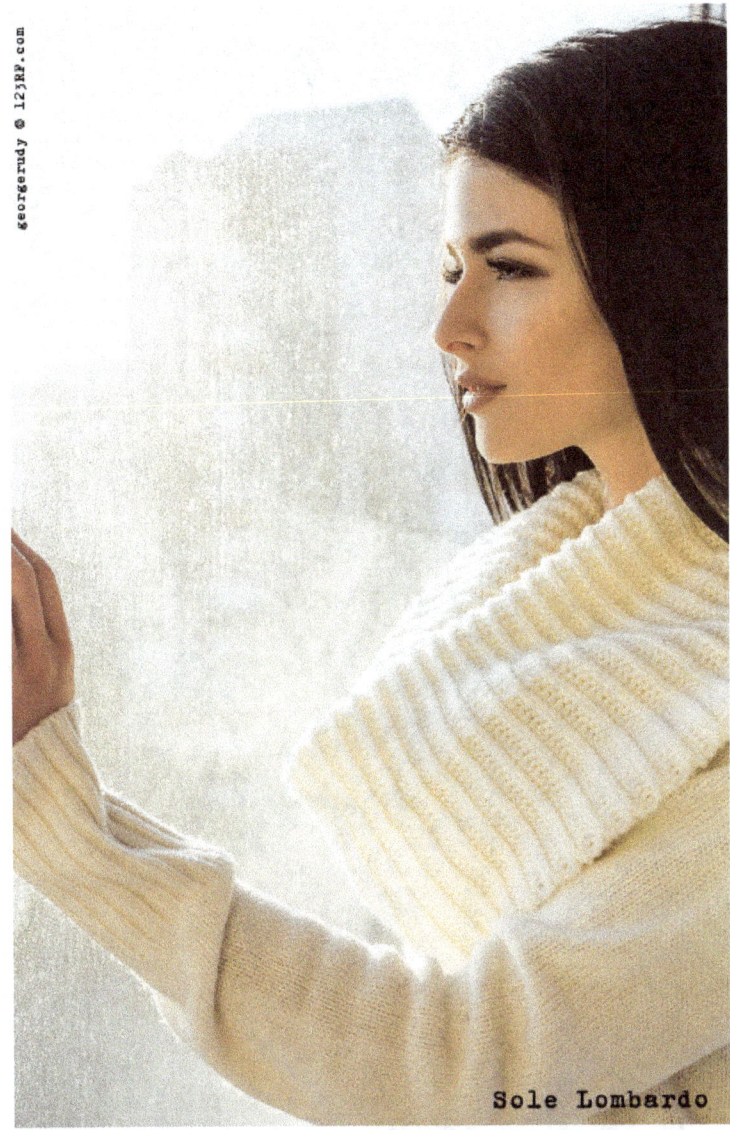

Sole Lombardo

Sole Lombardo. Figlia di Carlo Lombardo e Rosa Silvestri. Sorella maggiore di Rachel Lombardo. Nipote di Raphael e Filippo Kent-Lombardo. Fidanzata di Ivan Prokhor. 22 anni. Vol.1-2-3-6-7

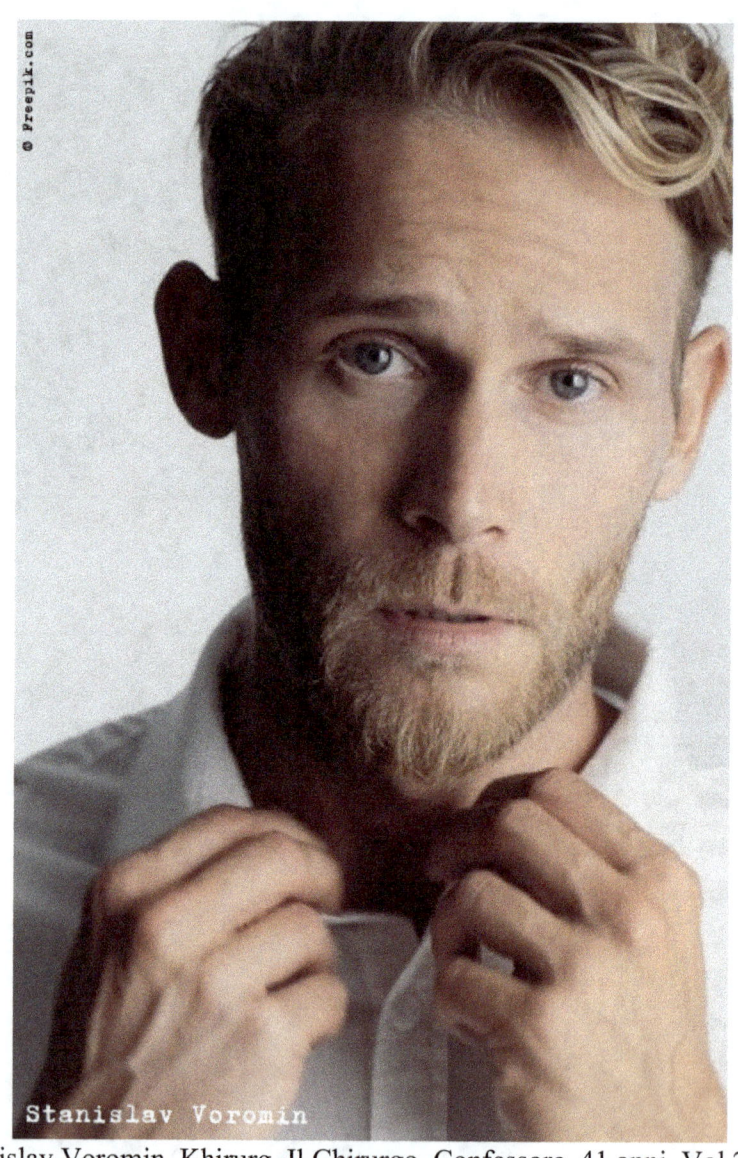

Stanislav Voromin

Stanislav Voromin. Khirurg. Il Chirurgo. Confessore. 41 anni. Vol.2-6-7

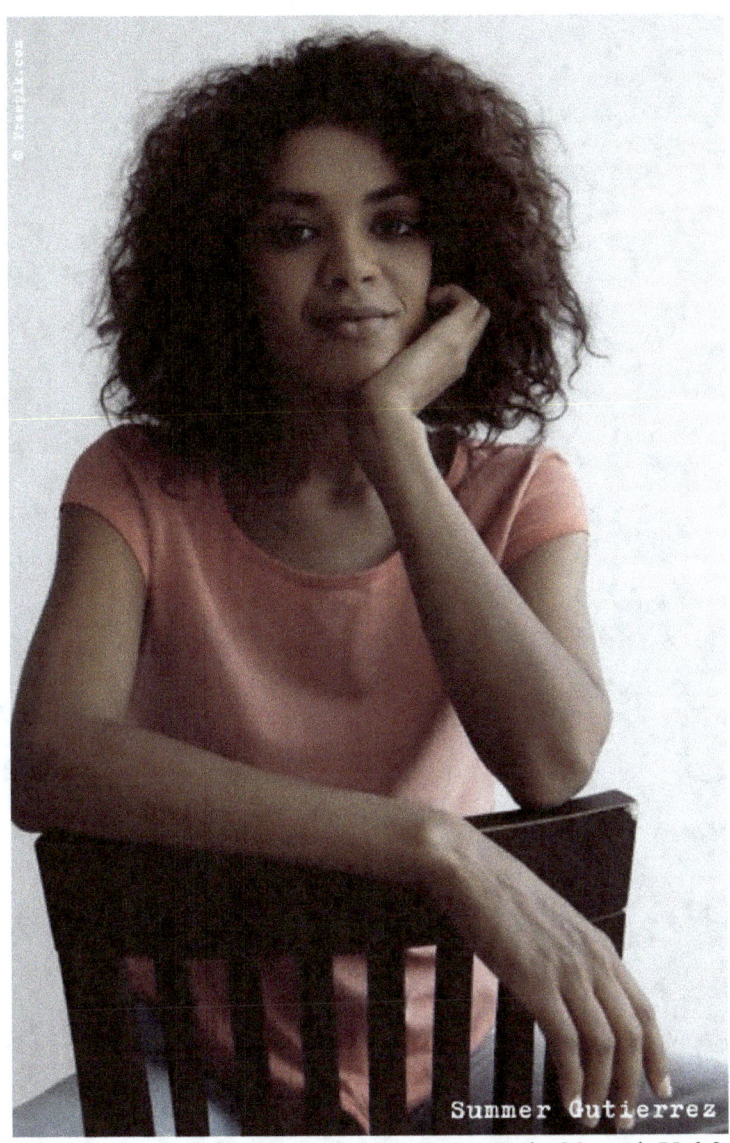

Summer Gutierrez. Amica di Katherine Pottemanh. 30 anni. Vol.3

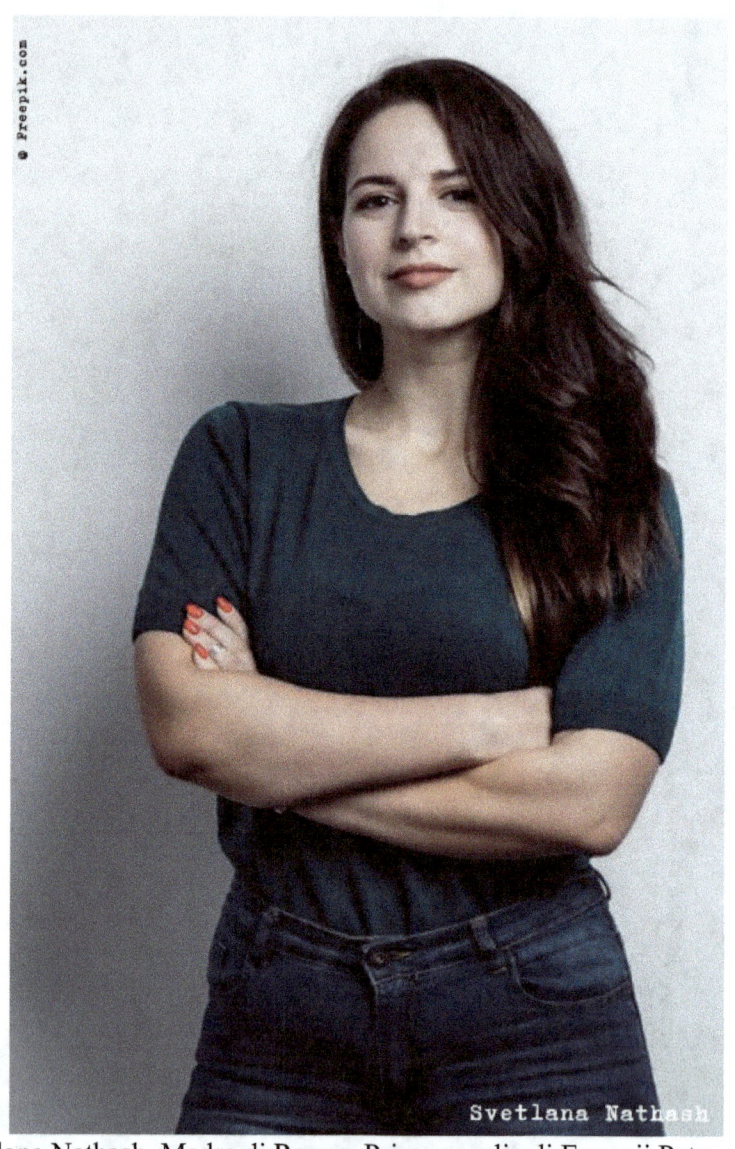

Svetlana Nathash

Svetlana Nathash. Madre di Raven. Prima moglie di Evgenij Petrov. Vol.6-7

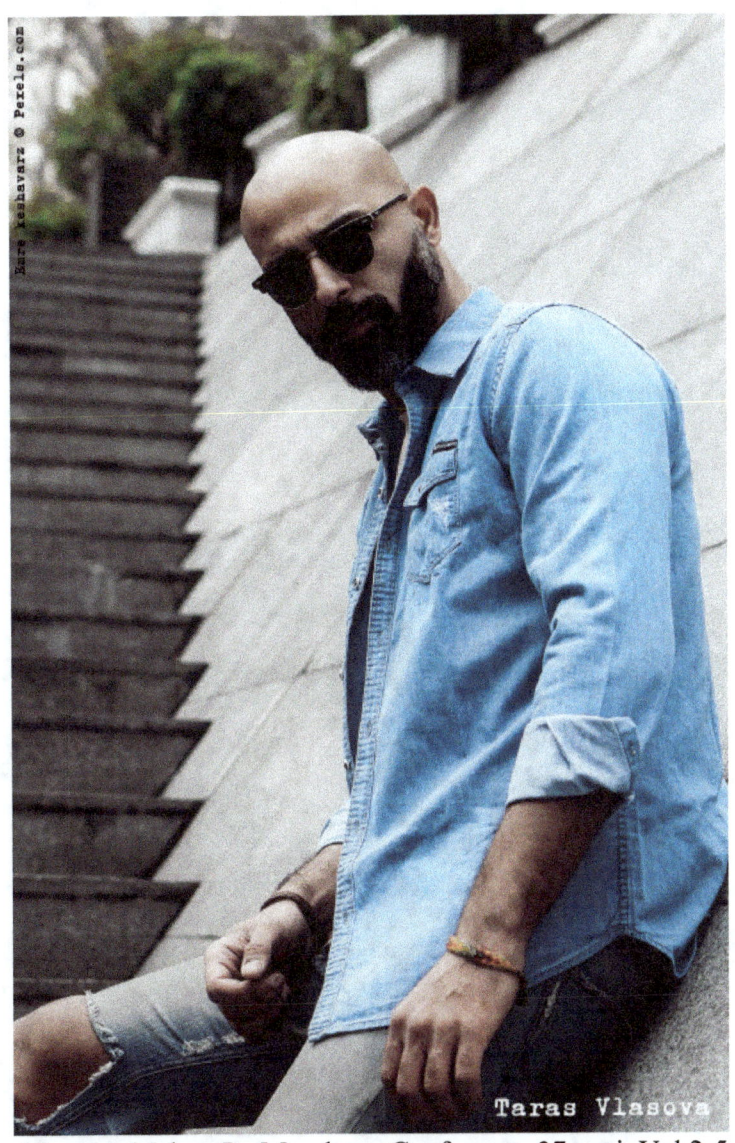

Taras Vlasova. Maksa. La Maschera. Confessore. 37 anni. Vol.2-5-6-7

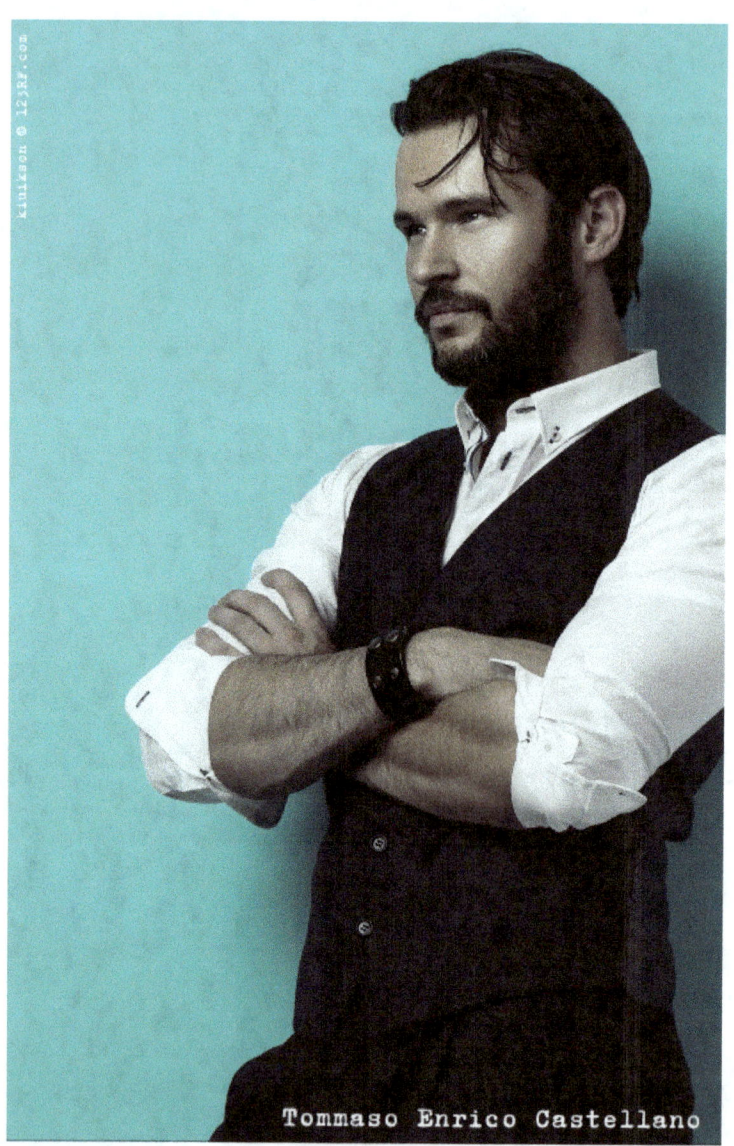

Tommaso Enrico Castellano

Tommaso Enrico Castellano. Figlio di Vittorio Castellano e Raisa Iskra. Fratello minore di Gabriele Michele Castellano. Fratellastro di Ivan Prokhor, Raphael e Filippo Kent-Lombardo. Fratellastro di Michael Brown. Cugino di Nikolaj e Maksim Iskra. Fidanzato di Sky. Secondo in carica del Padrino. 38 anni. Vol.1-2-3-4-5-6-7

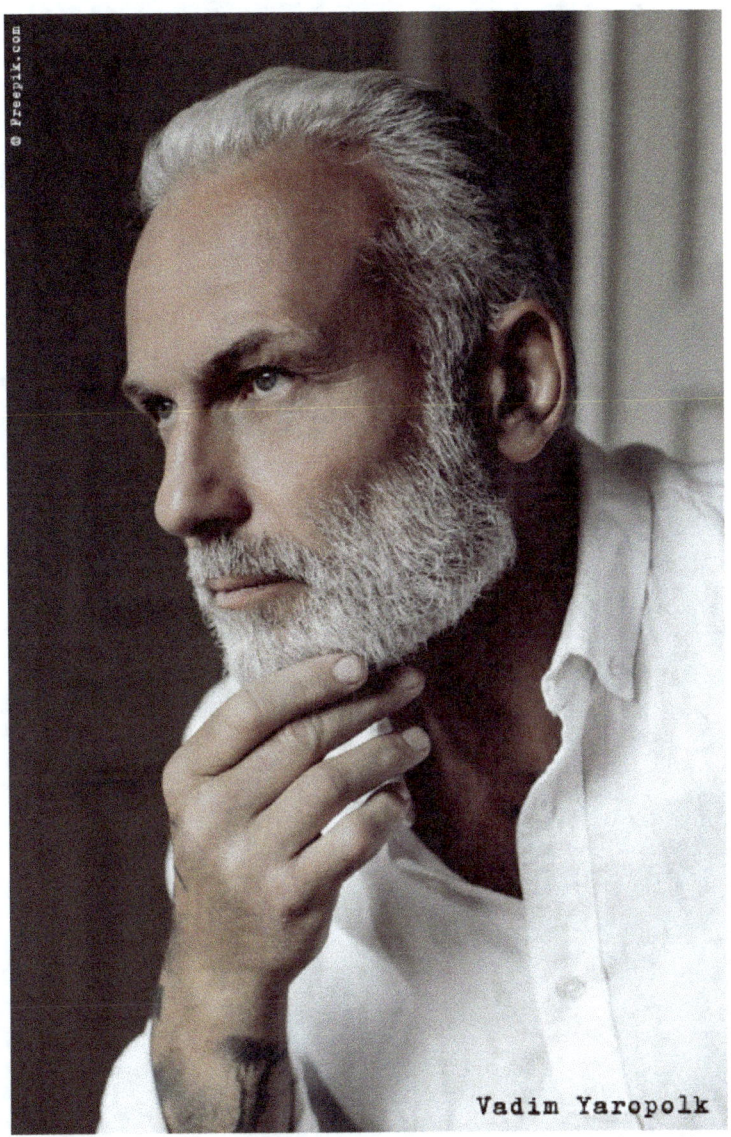

Vadim Yaropolk

Vadim Yaropolk. Padre di Isakij e Lukian Yaropolk. Morto a 60 anni.
Vol.1-2-3-6-7

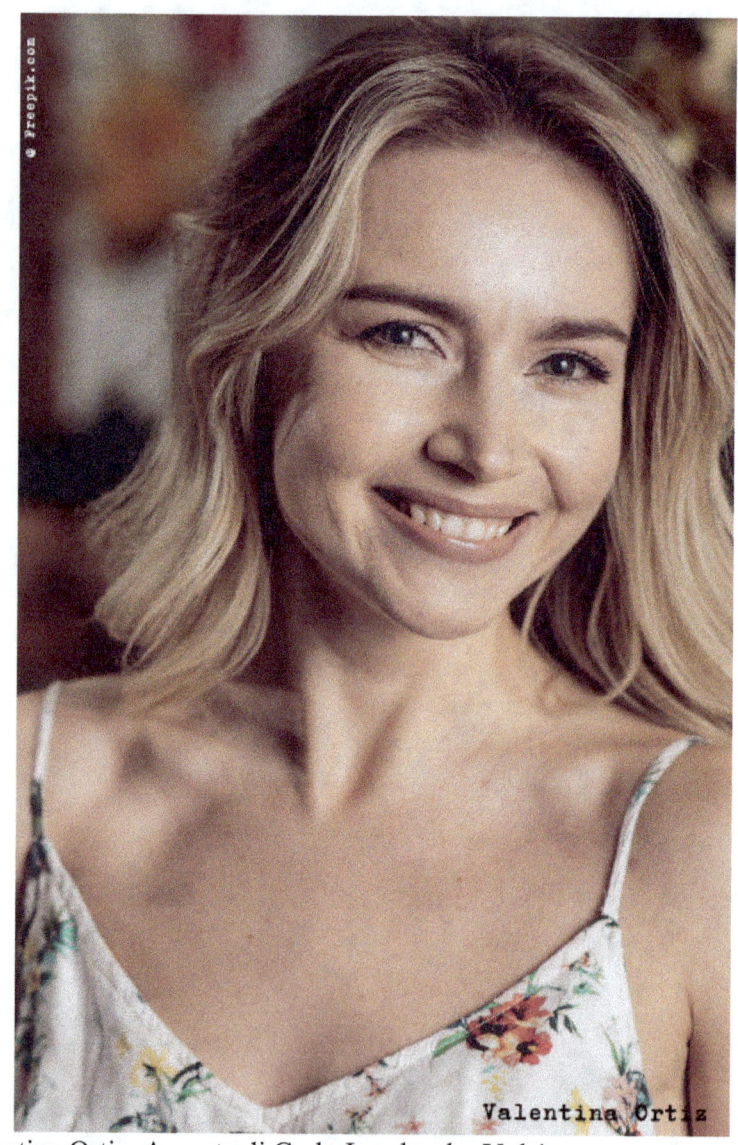

Valentina Ortiz. Amante di Carlo Lombardo. Vol.1

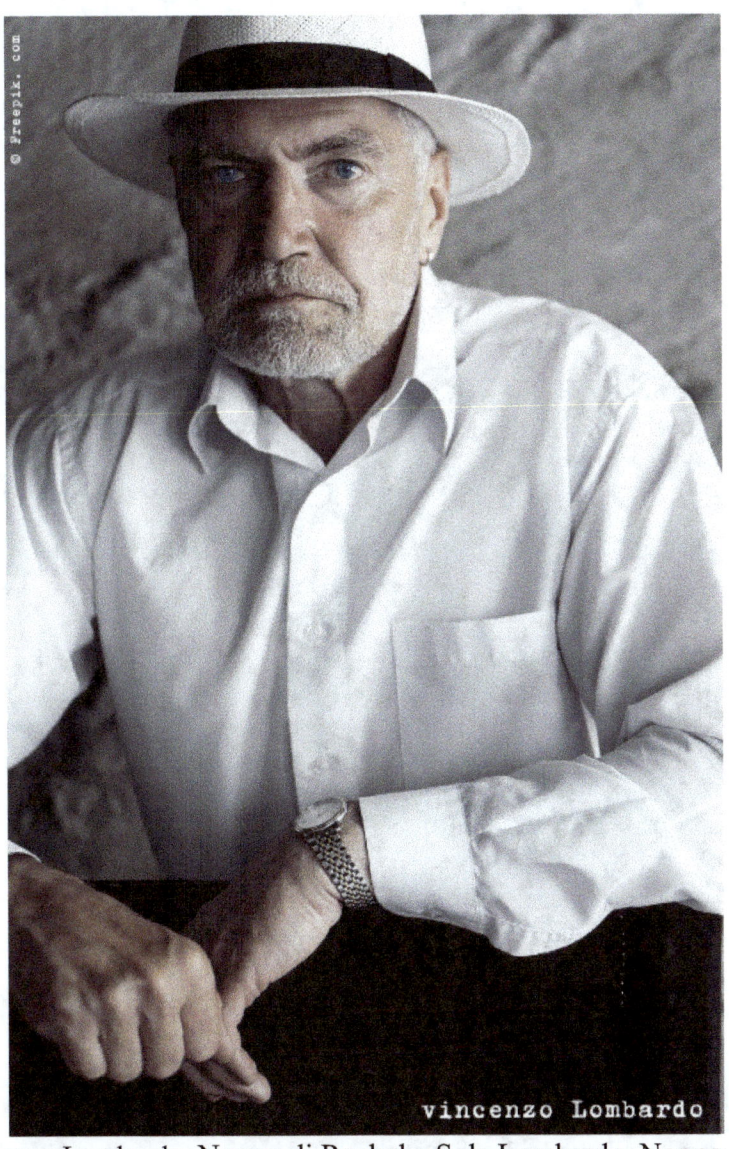

vincenzo Lombardo

Vincenzo Lombardo. Nonno di Rachel e Sole Lombardo. Nonno di Antonio e Giorgio Lombardo. Padre di Carlo e Luca Lombardo. Padre di Raphael e Filippo Lombardo. Marito di Maria Filippini. Defunto. Morto a 61 anni. Vol.1-2-3-7

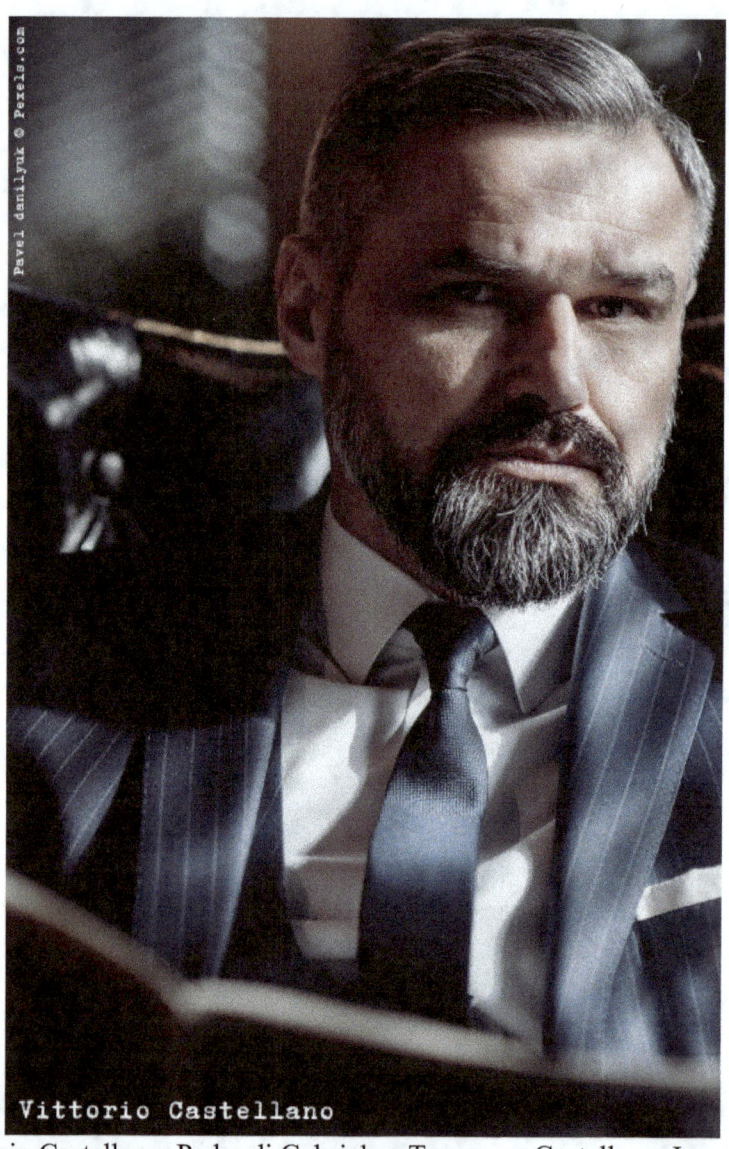

Vittorio Castellano

Vittorio Castellano. Padre di Gabriele e Tommaso Castellano, Ivan Prokhor e Michael Brown. Marito di Raisa Iskra. Figlio di Riccardo Castellano e Piera Siccedi. Fratello di Ludovico, Roberto e Meredith.64 anni. Vol.1-2-3-4-5-6-7

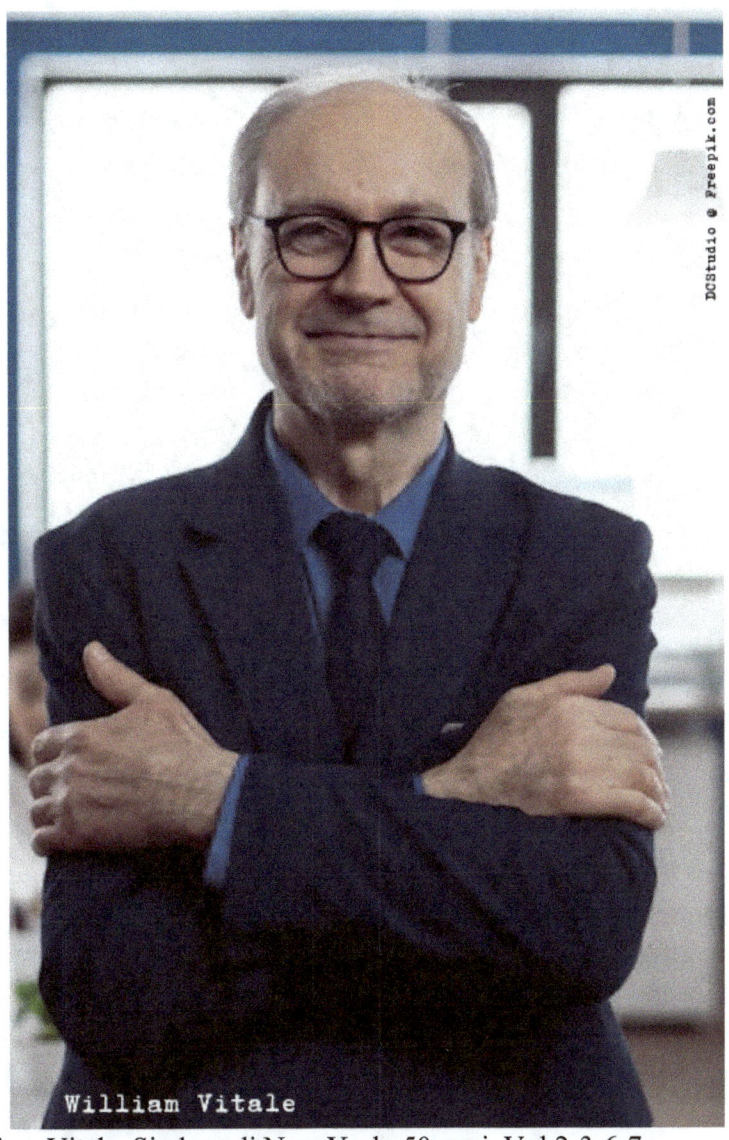

William Vitale. Sindaco di New York. 50 anni. Vol.2-3-6-7

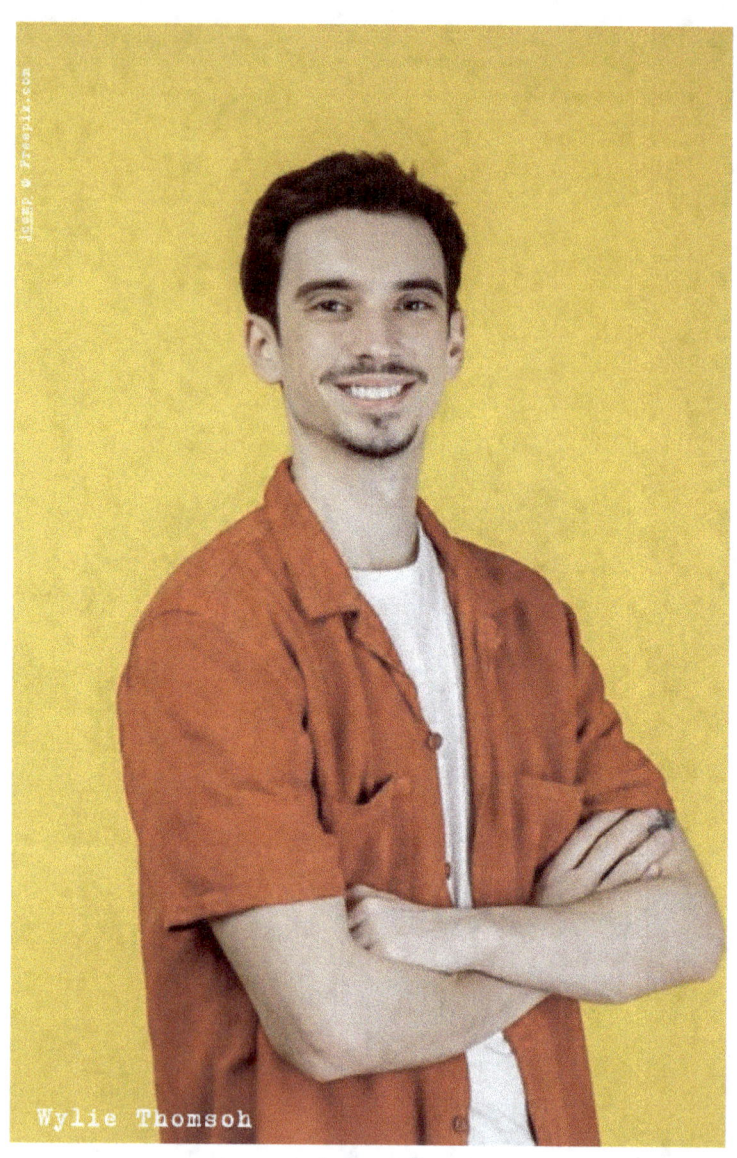

Wylie Thomsoh

Wylie Thomsoh. Spacciatore di Deamàn Lochan. Vol.4

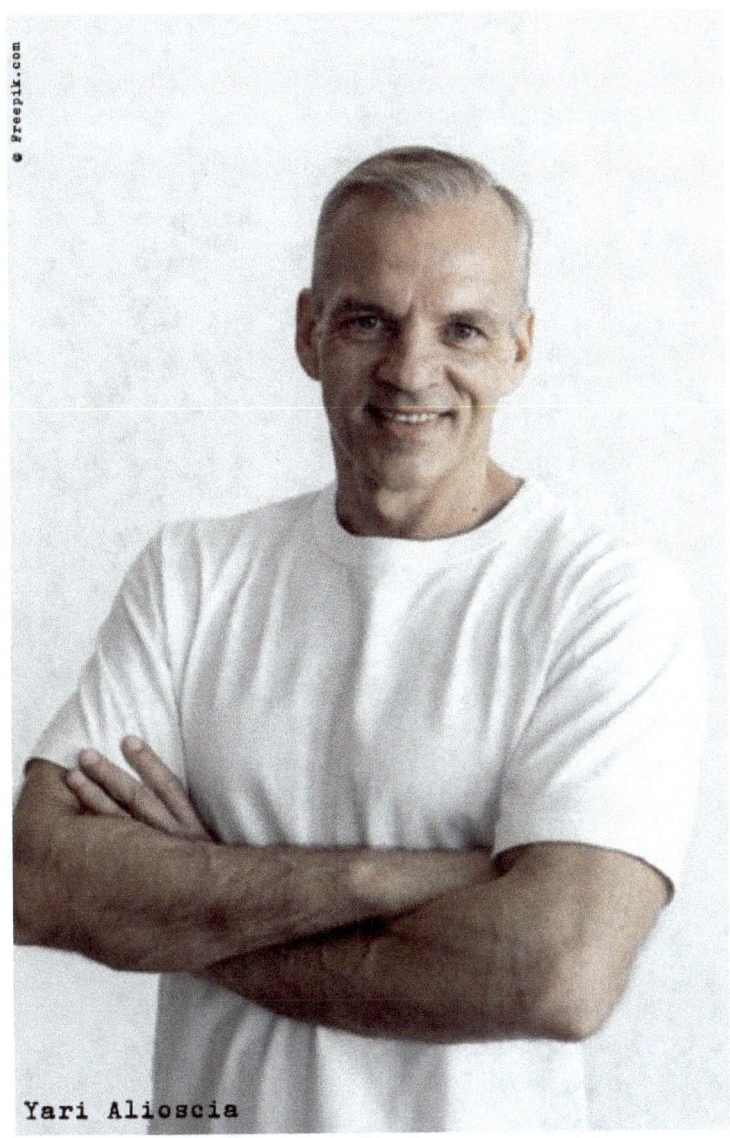

Yari Alioscia

Yari Alioscia. Compagno di Meredith Castellano. Vol.3

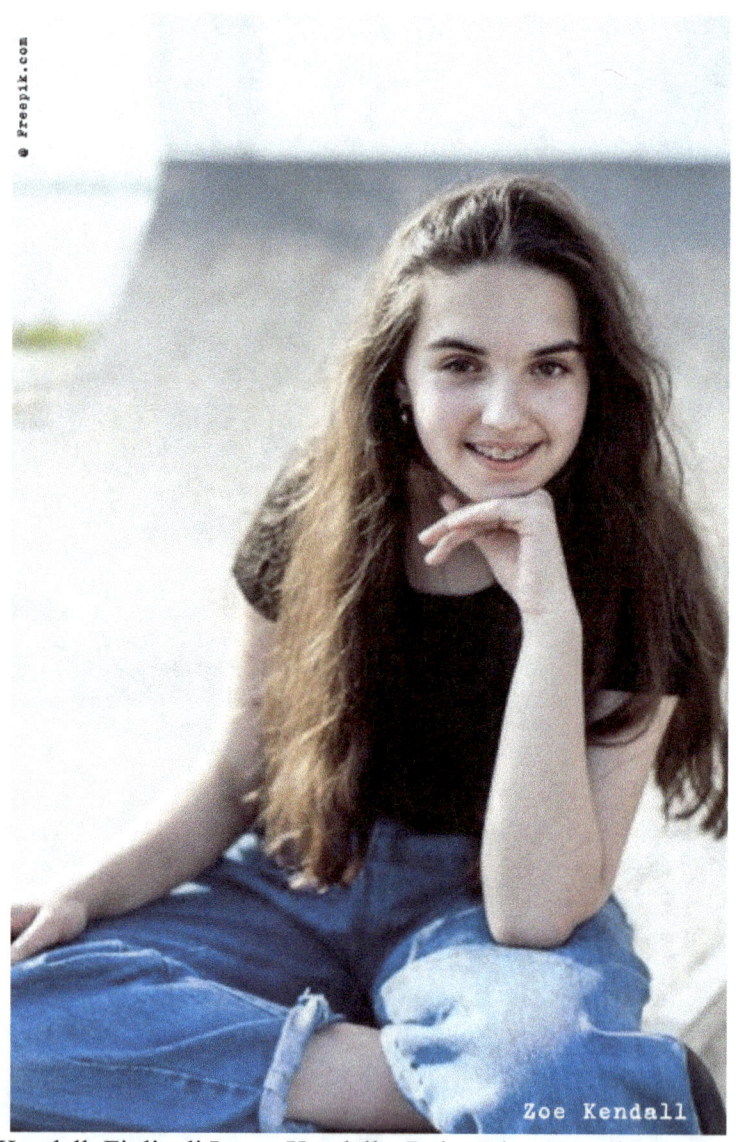

Zoe Kendall

Zoe Kendall. Figlia di Lucas Kendall e Raisa Iskra. Sorellastra di Gabriele e Tommaso Castellano e Raphael e Filippo Lombardo. Vol.6-7

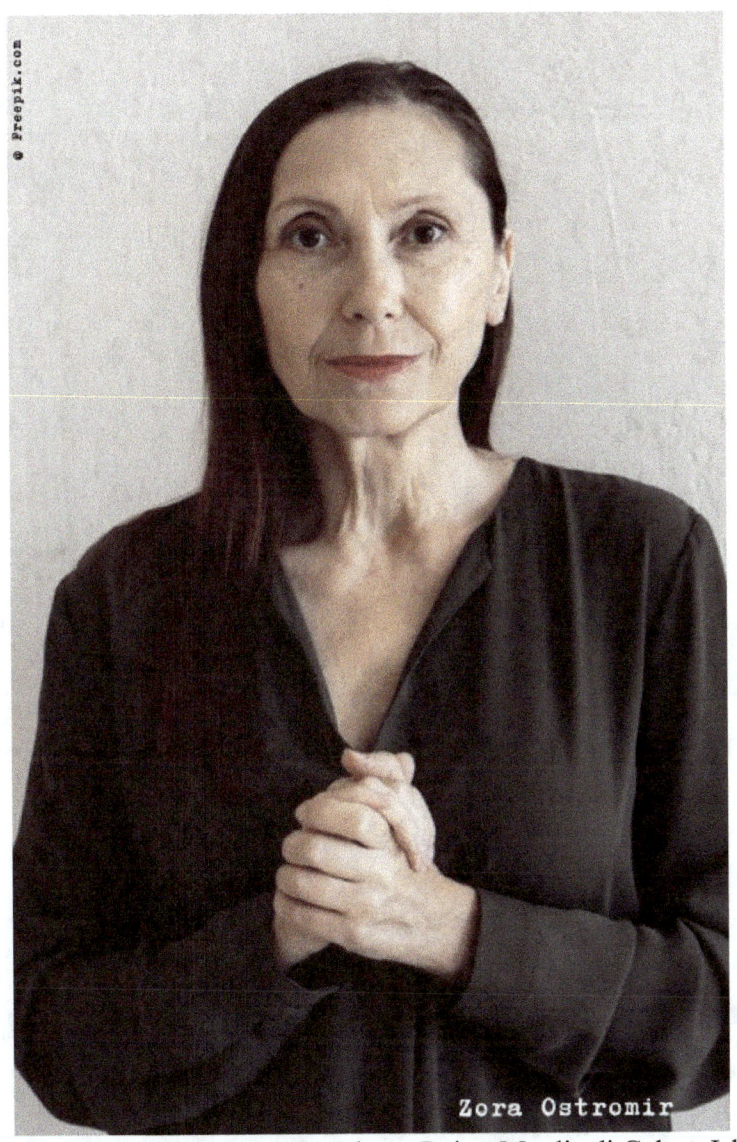

Zora Ostromir. Madre di Sergey Iskra e Raisa. Moglie di Gektor Iskra.
Vol.6-7

ALTRI

Amanda Pimack. Vicina di casa di Katherine Pottemanh. Vol.3

Andrey Petrov. Figlio di Evgenij Petrov e Ludmilla Khotashan, fratellastro di Raven e fratello Katja Petrov. Nipote di Roman Petrov. Vol.6-7

Antonio Lombardo. Figlio di Luca Lombardo e Lucilla Biperthon. Cugino di Rachel e Sole. Fratello maggiore di Giorgio Lombardo. Morto a 30 anni.

Asta del bestiame. Asta organizzata e gestita dal Clan irlandese. Vol.3

Borislav Lebedev. Hacker famiglia Iskra. Membro della Bratva. Vol.2

Carmelita Elahzer. Moglie di Malchor Equana. Madre di Josue e Reyna Equana. Defunta.

Cervi dell'Illinois. Club. Vol.4

Colin Pottemanh. Nonno di Katherine Pottemanh, padre di James e Patricia Pottemanh. Vol.3

Conall McConshy. Esponente Clan irlandese. Vol.3

Club dei Gentiluomini. Club privato riservato a uomini di elevata estrazione sociale. Vol.3

Daniil Sasha. Medico personale di Sofiya e Anastasija Ghaliyah. Vol.3-6-7

Dolores Nensihy. Madre di Michael Brown. Vol.3-6-7

Dorah Tarasso. Cuoca famiglia Castellano. Vol.1-2

Famiglia Guenava. Trafficante di droga. Vol.1

Eden. Locale-night gestito dalla Famiglia Castellano.

George Mottalen. Membro del Club "I Guerrieri di Chicago". Vol.4

Gruppo Lochan. Gruppo editoriale. Fondatore e proprietario: Deamàn Riocard Lochan.

Guerrieri di Chicago. Club. Presidente Club Noha Romano Vicepresidente Aron Romano. Segretaria Simone Dubois. Vol.4

Gwyneth Shia. Madre di Luck e Matteo Castellano e moglie di Roberto Castellano. Defunta. Vol.1-2

Haoyu Yichen. Capo della Triade degli USA. Vol.6

Hector Alvarezh. Alleato di Giorgio Lombardo. Vol.2

James Pottemanh. Padre di Katherine Pottemanh, marito di Lucy Becchett, fratello di Patricia Pottemanh. Vol.3

Jhaden Kent. Padre adottivo di Raphael e Filippo Kent-Lombardo. Marito di Tracy Hunghes. Vol.3

Jolie Khaund. Moglie di Rubhert Willisburh e madre di Snow White Willisburh. Defunta. Vol.4

Julin Khetton. Studente Columbia University. Vol.3

Katja Petrov. Figlia di Evgenij Petrov e Ludmilla Khotashan, sorellastra di Raven e sorella Andrey Petrov. Nipote di Roman Petrov. Defunta. Vol.6-7

Kimath O'Sullivan. Esponente Clan irlandese. Vol.3

Kirill Svyatogor. Noto trafficante di schiavi. Lavora soprattutto con le organizzazioni russe. Vol.6-7

Kirinda Haja. Governante casa Romano. Vol.4

Leon Lamerh. Membro del Club "I Guerrieri di Chicago". Vol.4

Ludmilla Khotashan. Madre di Andrey e Katja Petrov. Seconda moglie di Evgenij Petrov. Defunta. Vol.6-7

Ludovico Castellano. Figlio di Riccardo Castellano e Piera Siccedi. Fratello maggiore di Vittorio, Roberto e Meredith Castellano. Defunto.

Lucy Becchett. Madre di Katherine Pottemanh, moglie di James Pottemanh. Vol.3

Magda Yanisha. Governante casa Robinshon-Walker. Vol.4

Margaret Selleri. Cuoca famiglia Lombardo. Vol.1

Matvey Bykov. Hacker di Nikolaj Iskra – Pakhan. Vol.2-3-7

Michael Morgan. Dipendente del procuratore distrettuale di Chicago. Amico-conoscente di Snow White Willisburh e Ryan Walker. Vol.4

Miguel Servandez. Alleato di Giorgio Lombardo. Vol.1

Ministri famiglia Castellano. Jason Penny. Daniel Beverly. Lucas Lawrence. Paolo Costa. Giovanni Fontana. Brian Barbieri. Jeff Castillo. Amos Eike. Eusey Demid. Elijah Cox. Ryan Hugher. Axel Jimenez. Brandon Marchetti. Claudio Zito. Luciano Leone.
Ministri famiglia Lombardo. Simon Reed. Ector Gutierrez. Wilson Woods. Logan Miles. Owen Chase. Luigi Santoro. Ezio De Luca, Nicola Farina. Massimo Gallo. Harper Elliot. Iman Darby. Madison Taylor.

Oisìn Lochan. Figlio di Tadhg Lochan. Cugino di Deamàn Lochan. Gestisce la sede di Parigi della Lochan. Vol.4

Oscar Peterson. Freelance del mondo criminale. Vol.1

Pablo Ustes. Trafficante di droga. Vol.1

Paul Jacob. Presidente del Club "I Cervi dell'Illinois "con sede a Mikwaukee. Vol.4

Patricia Pottemanh. Zia e madre adottiva di Katherine Pottemanh, moglie di Hunter Olithenau e sorella di James Pottemanh. Vol.3

Piera Siccedi. Moglie di Riccardo Castellano. Madre di Ludovico, Vittorio, Roberto e Meredith Castellano. Nonna di Gabriele e Tommaso Castellano. Nonna di Luck e Matteo Castellano.

Quinn Ricciardi. Trafficante di armi. Vol.1

Reclute addestrate da Vadim. Laurence Zachary.

Riccardo Castellano. Nonno di Gabriele e Tommaso Castellano, e Ivan Prokhon e Michael Brown. Nonno di Luck e Matteo Castellano. Padre di Ludovico, Vittorio, Roberto e Meredith. Marito di Piera Siccedi. Defunto.

Robert Cammanel. Uno dei dodici uomini che fecero irruzione a casa di Rachel Lombardo. Vol.1

Rose & Rose. Ristorante e sala da tè. Vol.3

Ruiz Spinosa. Capo piccolo cartello messicano. Vol.1

Ruslam Vitalijh. Hacker Evgenij Petrov. Vol.6

Scala gerarchica. *Capo-Boss-Padrino. Ministro. Sottosegretario* (Secondo in comando del Ministro) che controlla i territori sotto la sua supervisione. Sottosegretario guida due *Comandanti* che gestiscono le frazioni territoriali. I Comandanti hanno dai due ai cinque *Tenenti*. Ogni Tenente ha un *Sottotenente. Soldati*, i quali hanno varie mansioni, decise in base all'età, alle capacità e agli anni di servizio.

Sishas Aaban. Alleato di Giorgio Lombardo. Vol.1

Soldati famiglia Castellano menzionati durante la narrazione. Gasper Perez. Vol.1
Soldati famiglia Castellano comparsi durante la narrazione. Marco Collino. Vol.1 Luciano Murphy. Vol.1 Ugo Artesimi. Vol.2. Omar Juhork. Vol.2

Soldati famiglia Lombardo menzionati durante la narrazione. Omar Moore. Vol.1 Dean Davis. Vol.1 Jude Lewis.Vol.1 Edoardo Rick. Vol.1

Soldati famiglia Lombardo comparsi durante la narrazione. Giulian Wright. Vol.1. Rodigo Ramirez. Vol.1 Stefan Price. Vol.1 Patrick Allohan. Vol.1

Stephan Jhatten e Monique Vombet – coniugi – e Queynch Jhatten. Invitati galà Atlanta. Vol.4
Tadhg Lochan. Zio di Deamàn Lochan. Fratello di Mason Lochan. Padre di Oisìn Lochan. Vol.4

Tracy Hunghes. Madre adottiva di Raphael e Filippo Kent-Lombardo. Moglie di Jhaden Kent. Vol.3

Ugo Bertenni. Soldato semplice della Famiglia. Vol.2

Uomini che hanno fatto irruzione a casa dei Lombardo 7 anni prima: Robert Cammanel, Nikitin Orlov, Peter Belov, Lebedev Poiana, Bondarenko Frolova, William Loyhist, Gianluca Rolano, Orlando Rumes, Andreeva Aliev, Isaeva Fomin, Goncharov Nazarov, Alieva Kalinin. Vol.1-2

Wallin Dagda. Uomo collegato al Clan Irlandese. Vol.6

Zanaida Klavdija. Madre di Nikolaj Iskra. Defunta. Vol.1

Casata Castellano

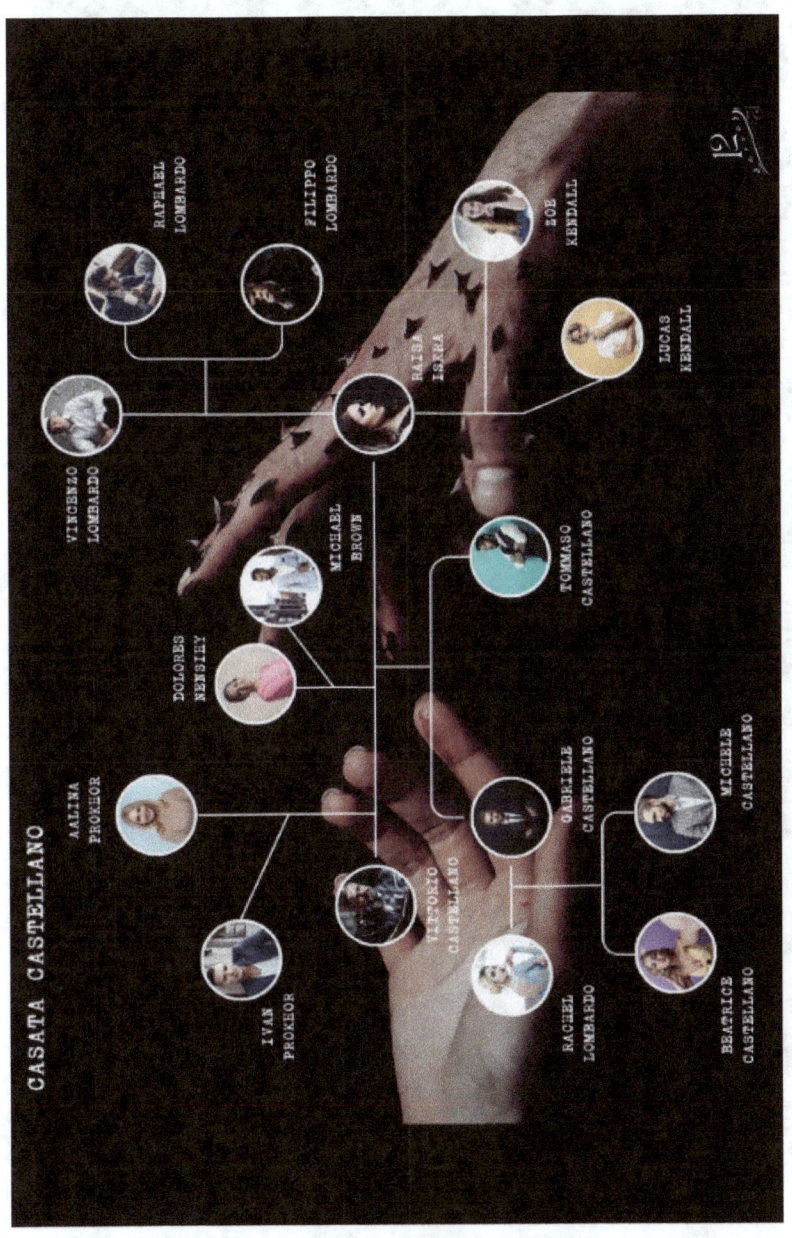

Casata Lombardo

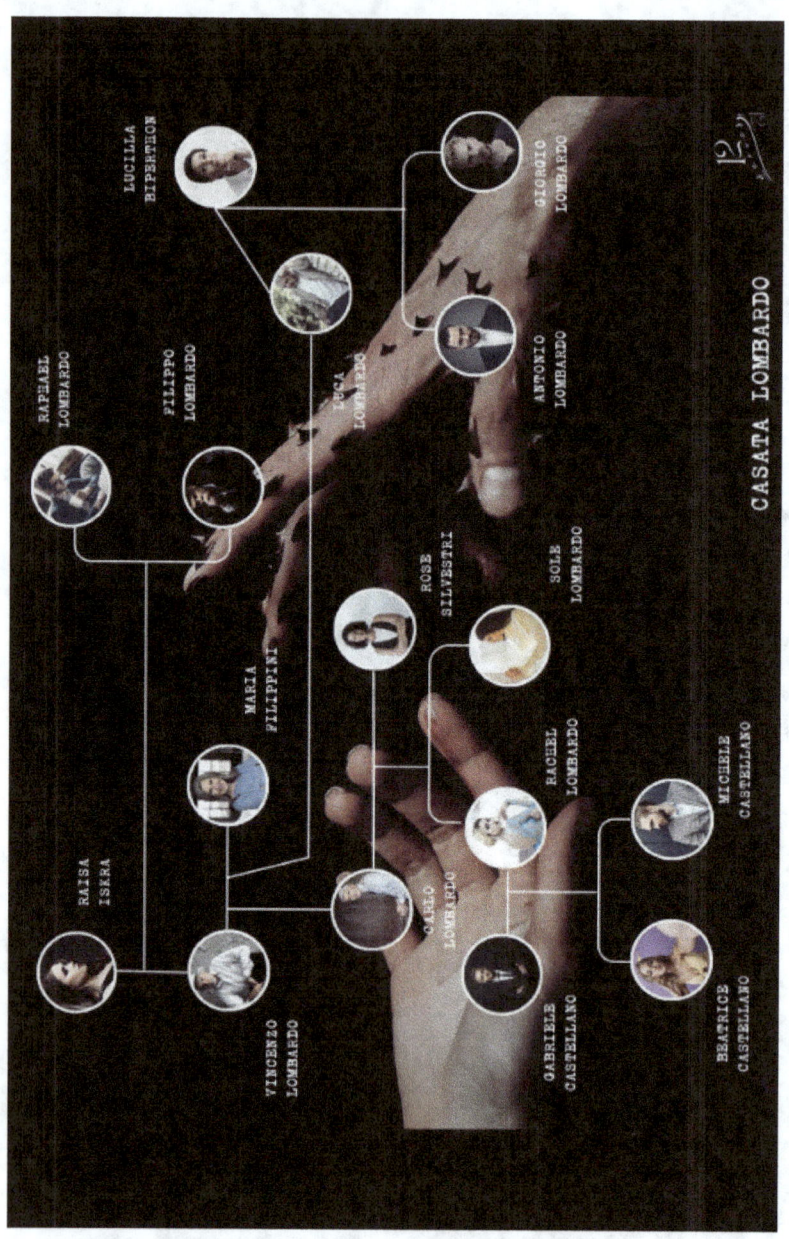

CASATA LOMBARDO

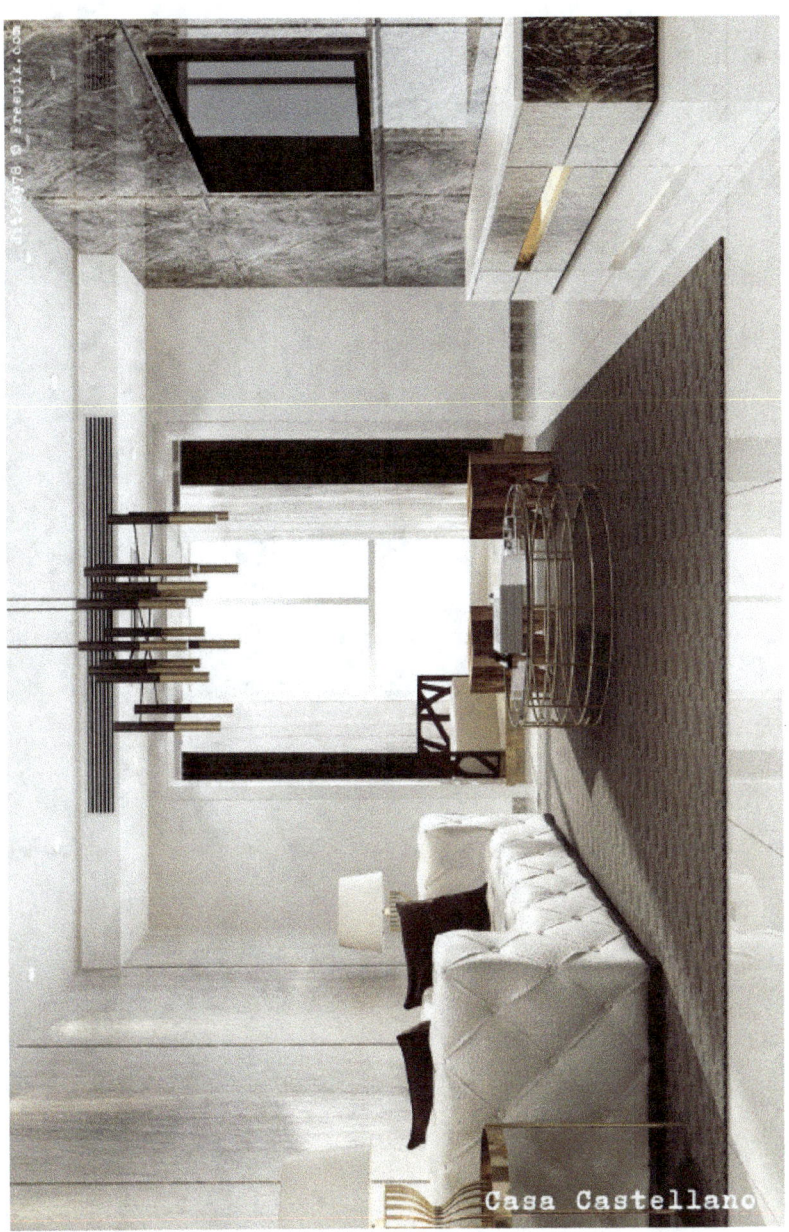

Casa Castellano

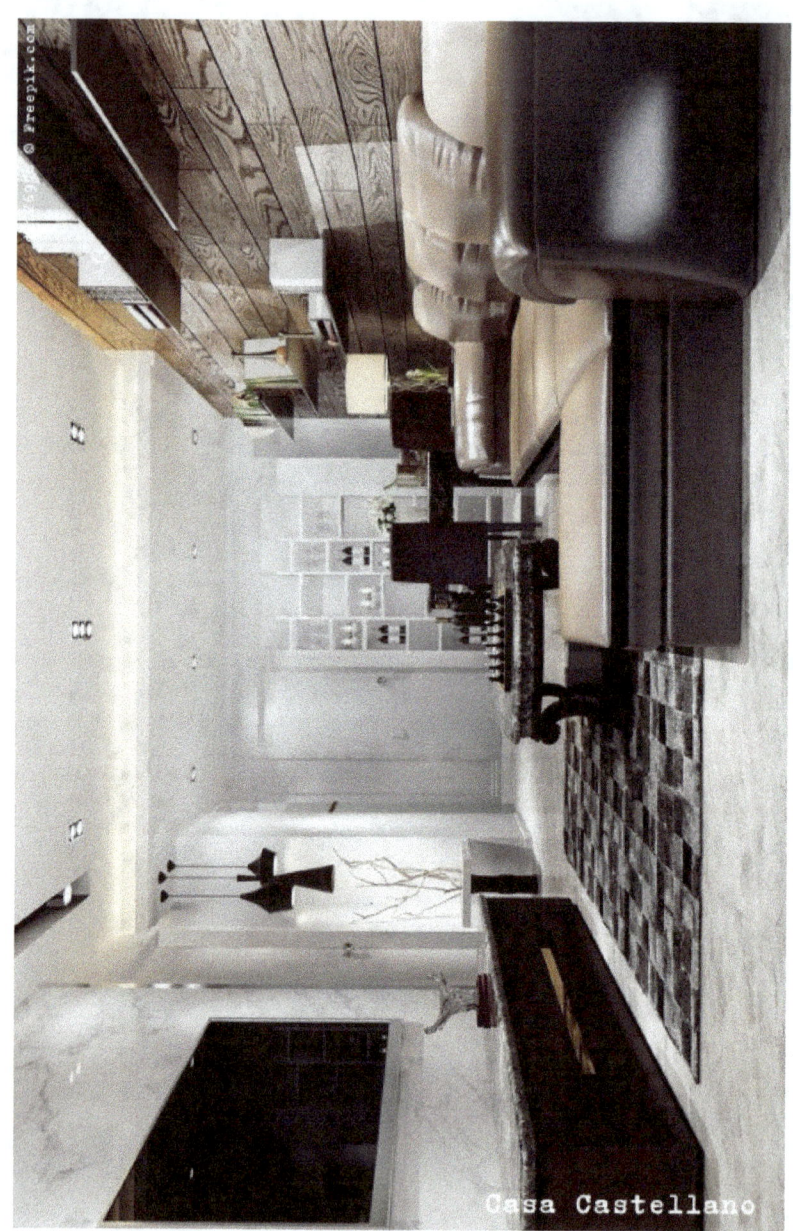

Casa Castellano

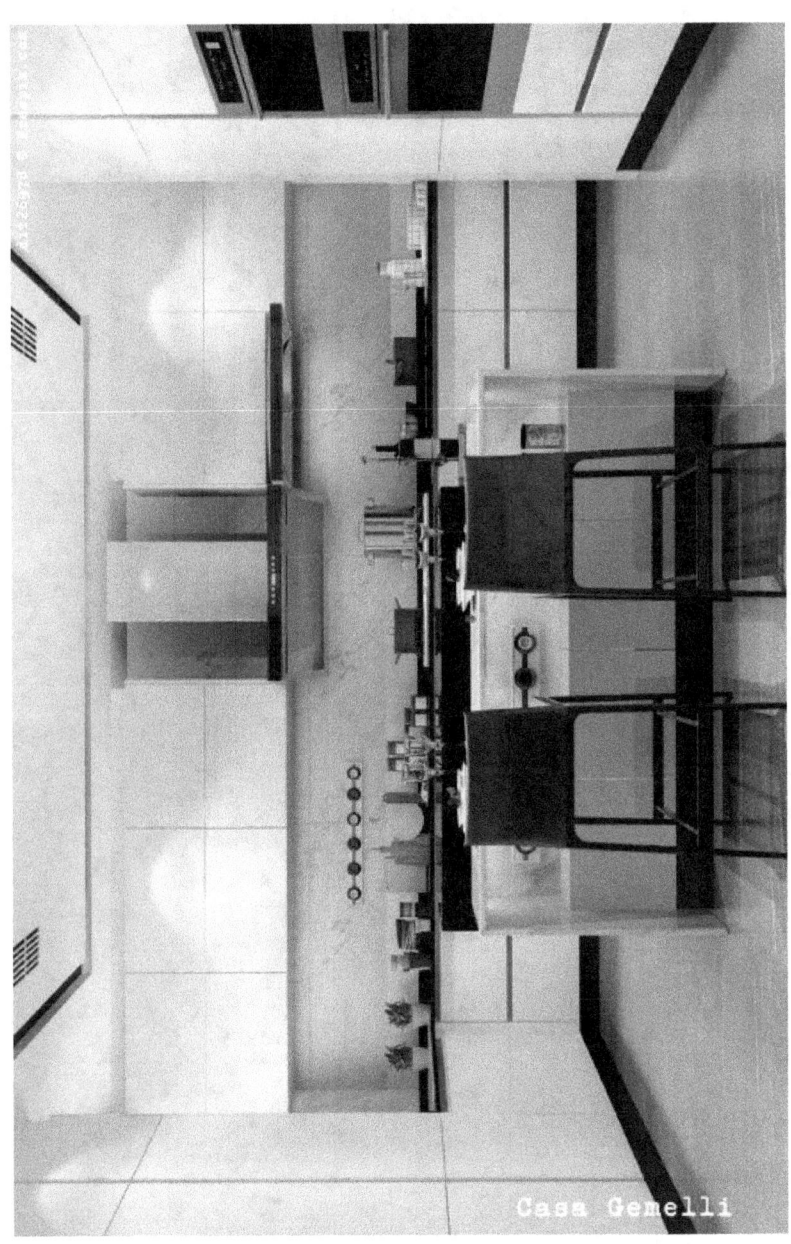

Casa Gemelli

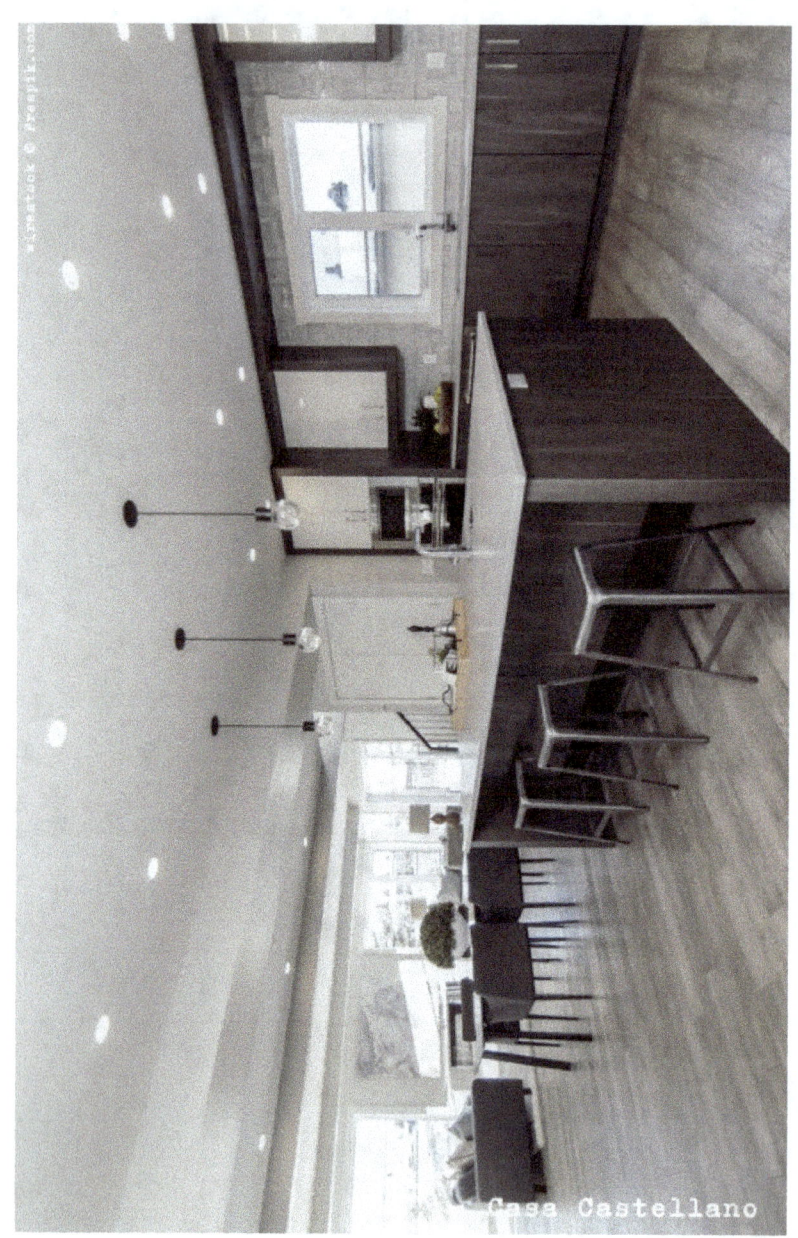

Casa Castellano

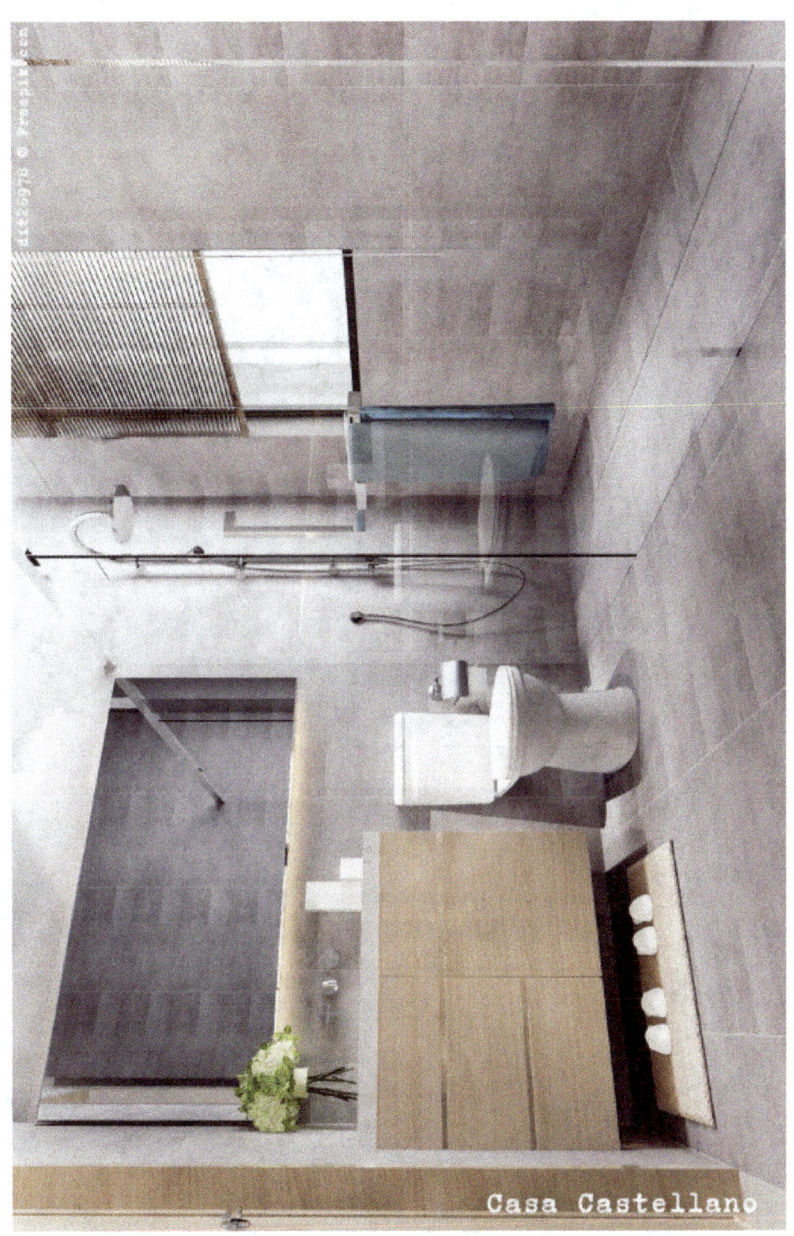

Casa Castellano

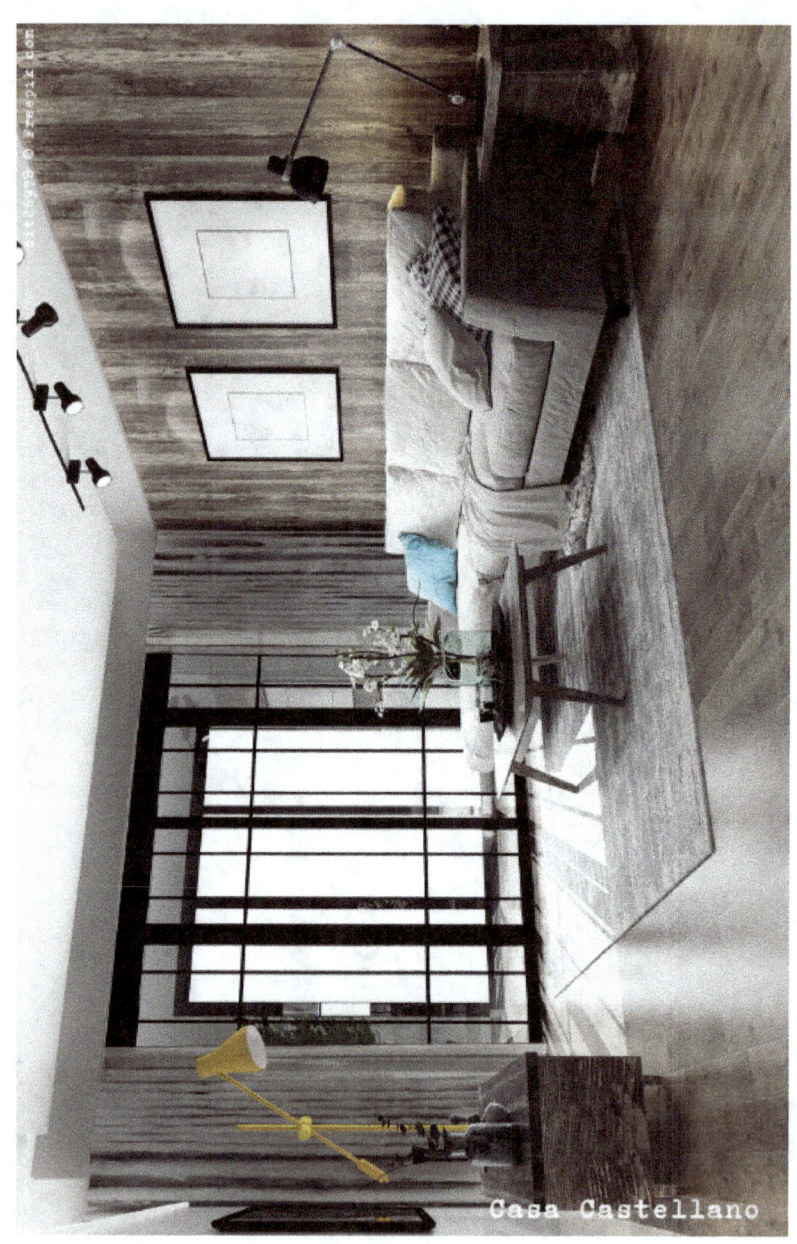

Casa Castellano

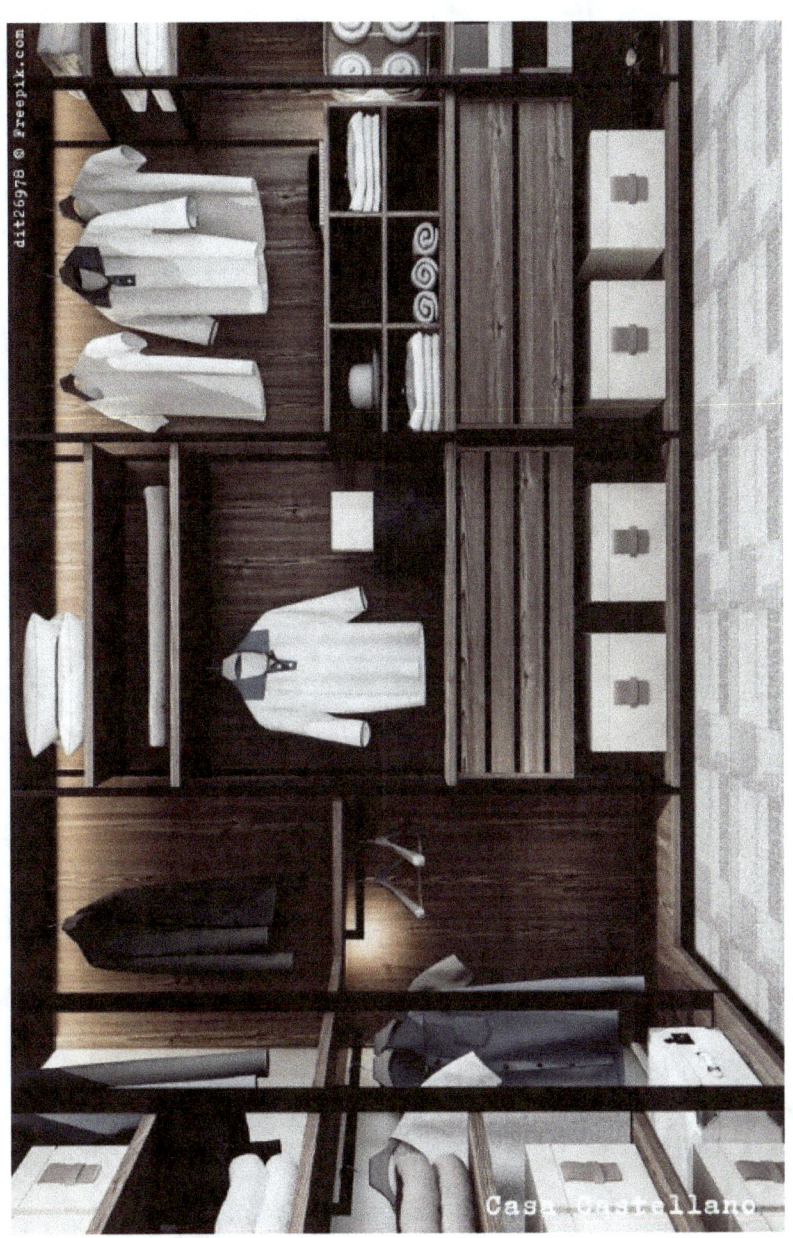

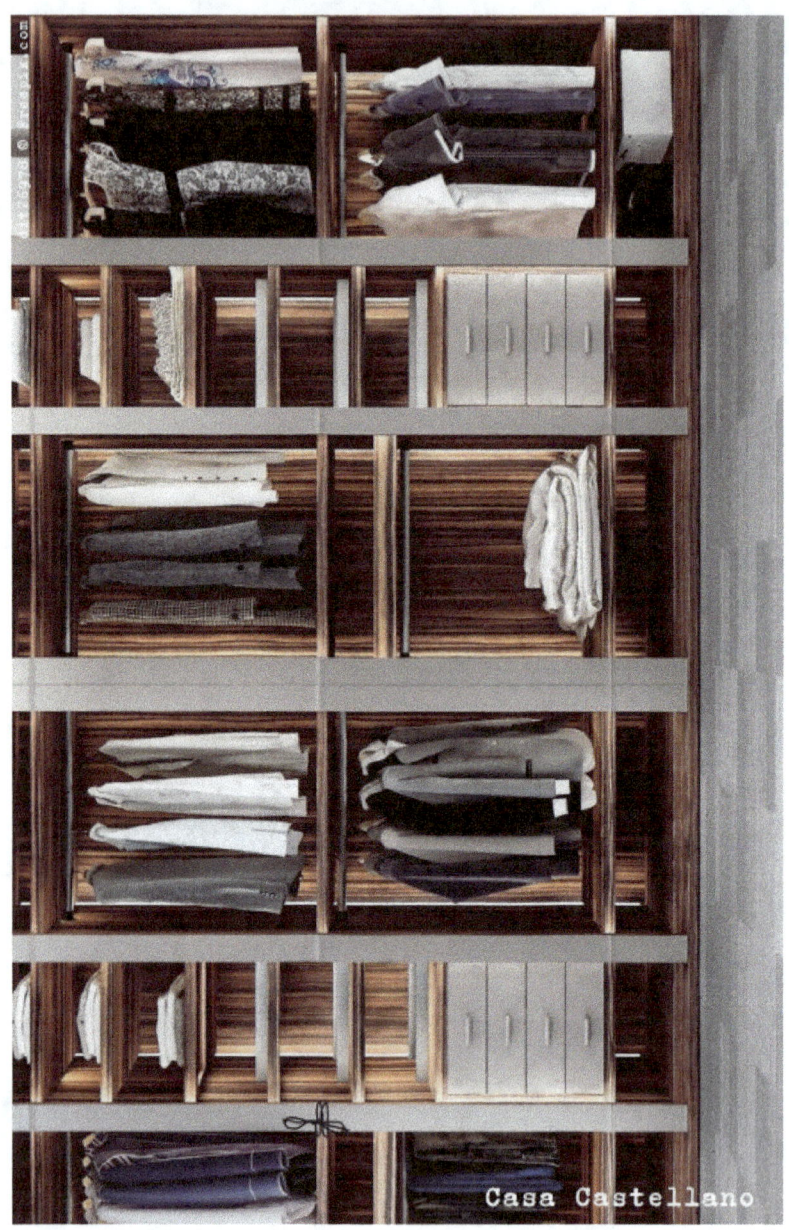

Casa Castellano

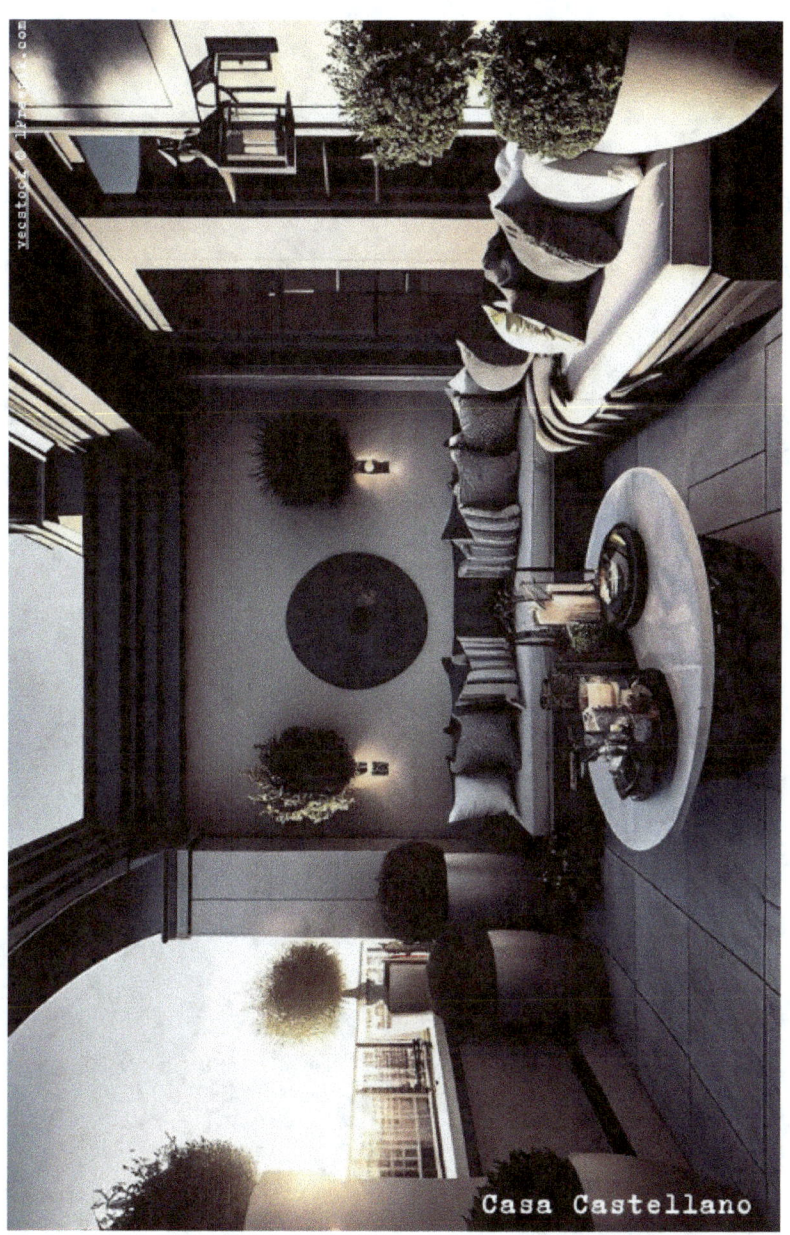

Casa Castellano

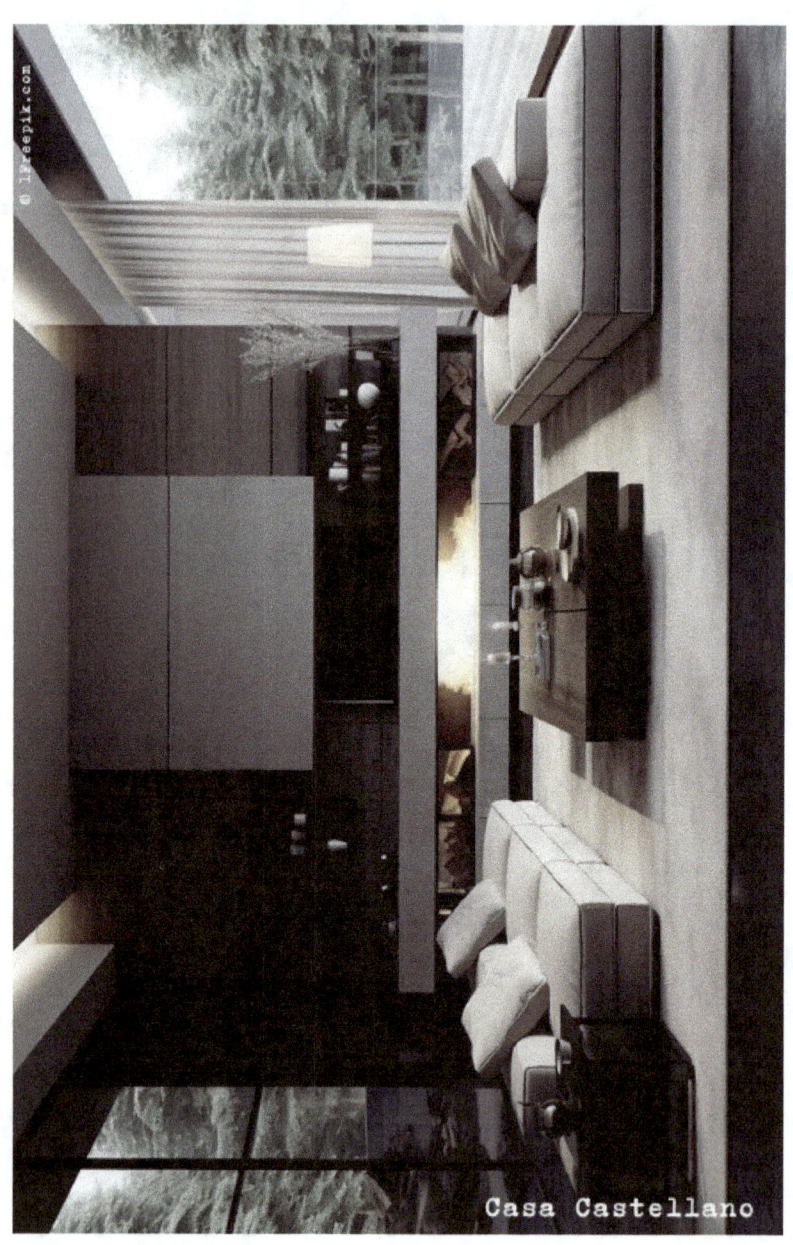

Casa Castellano

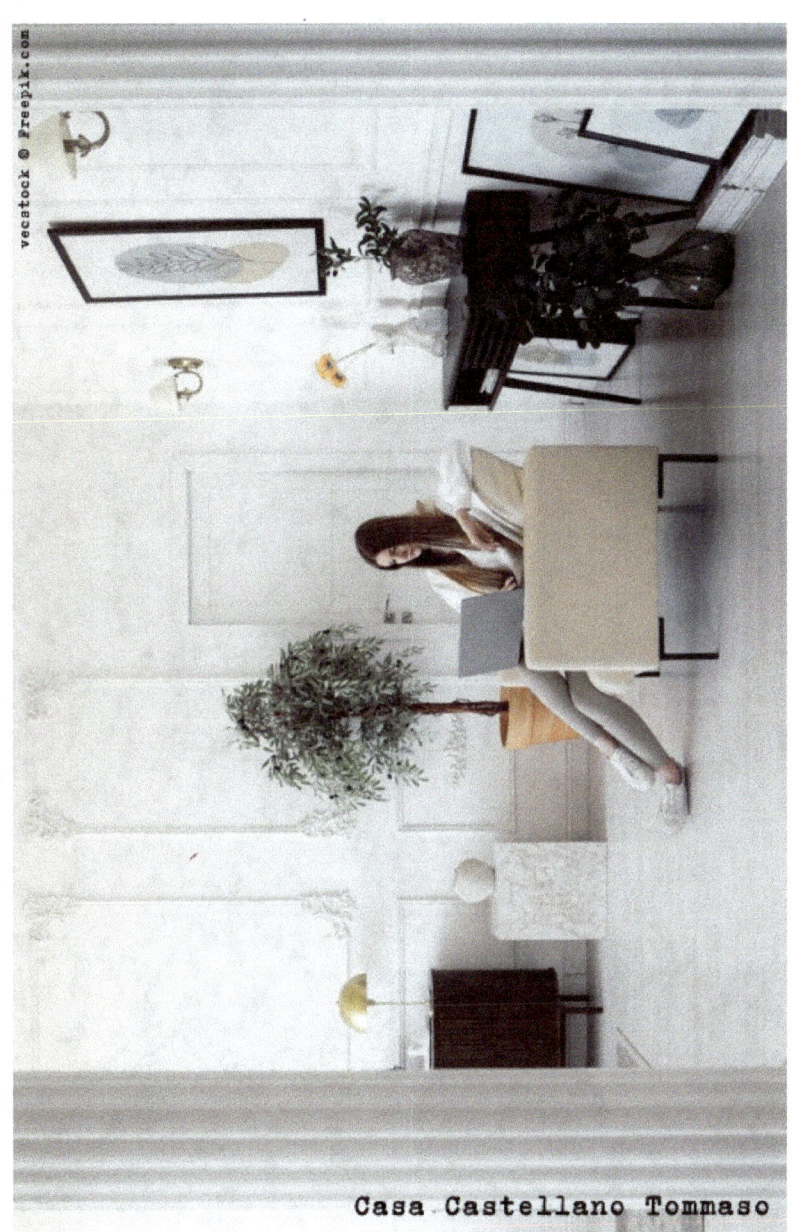

Casa Castellano Tommaso

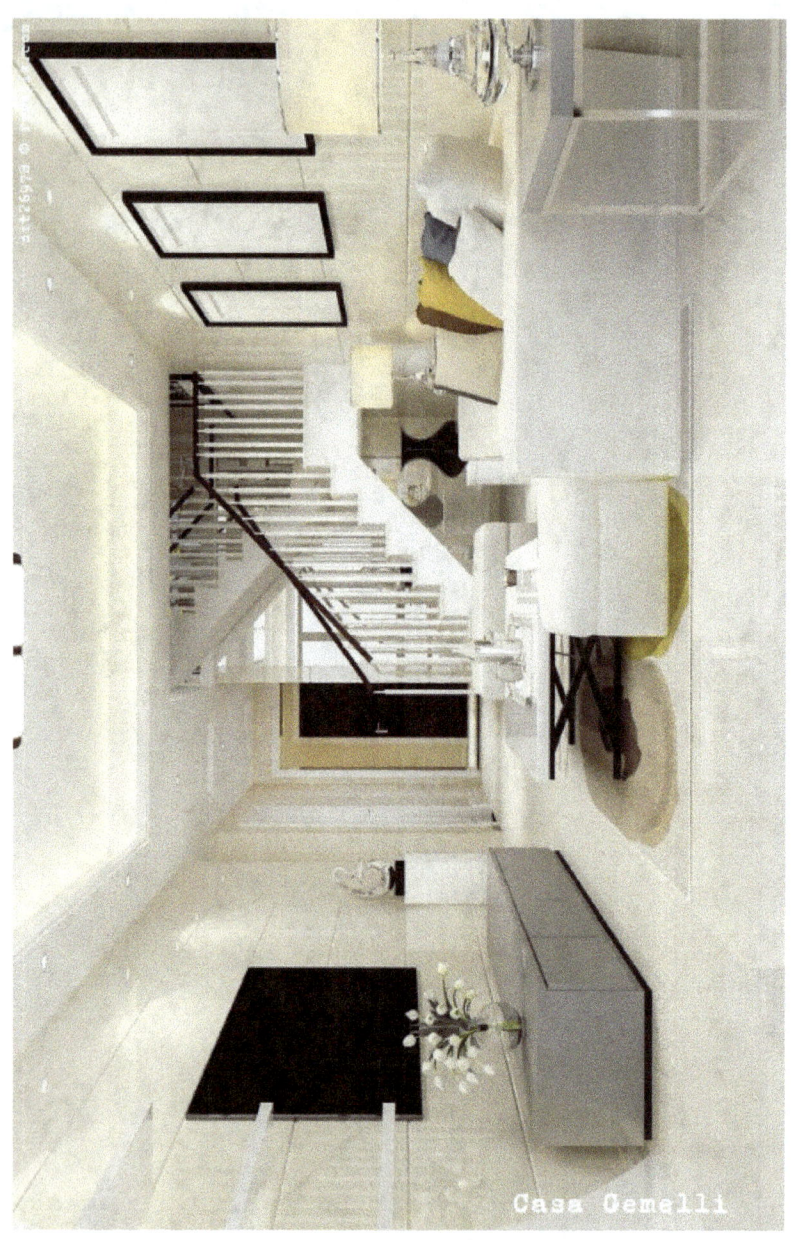

Casa Gemelli

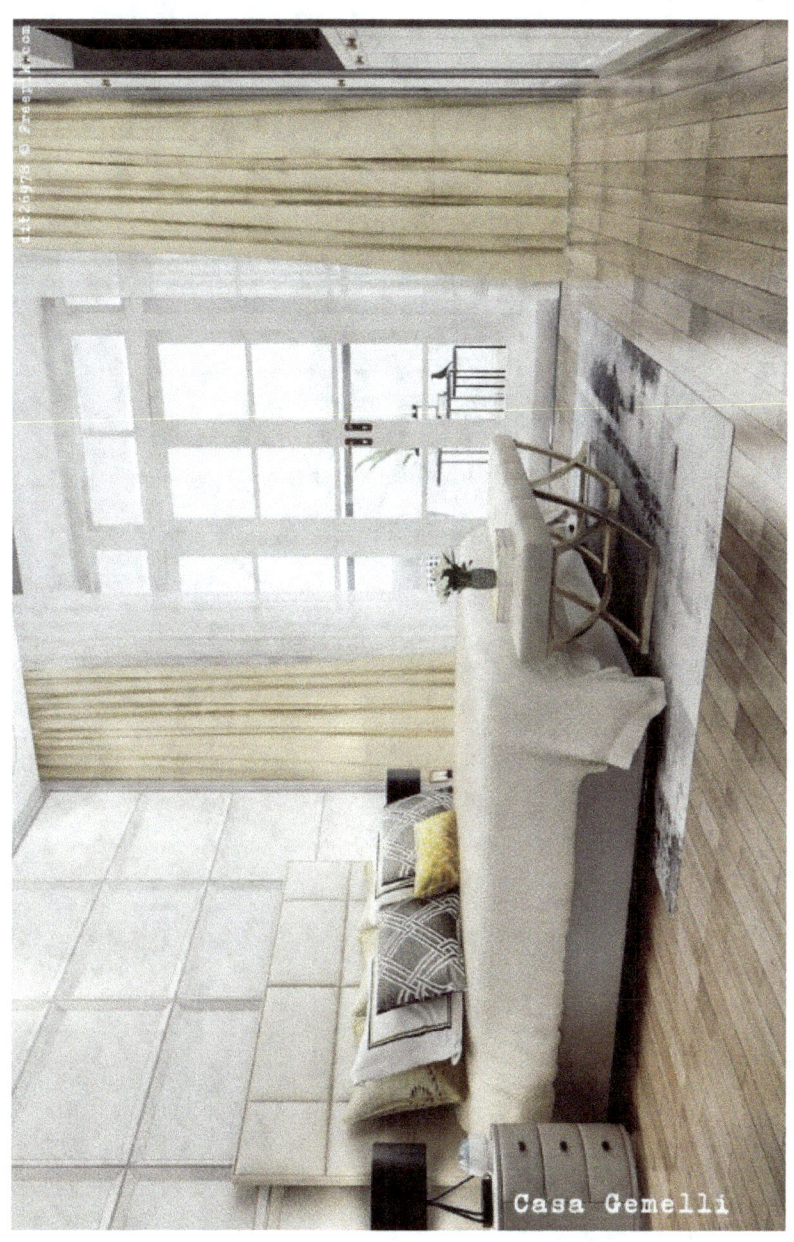

Casa Gemelli

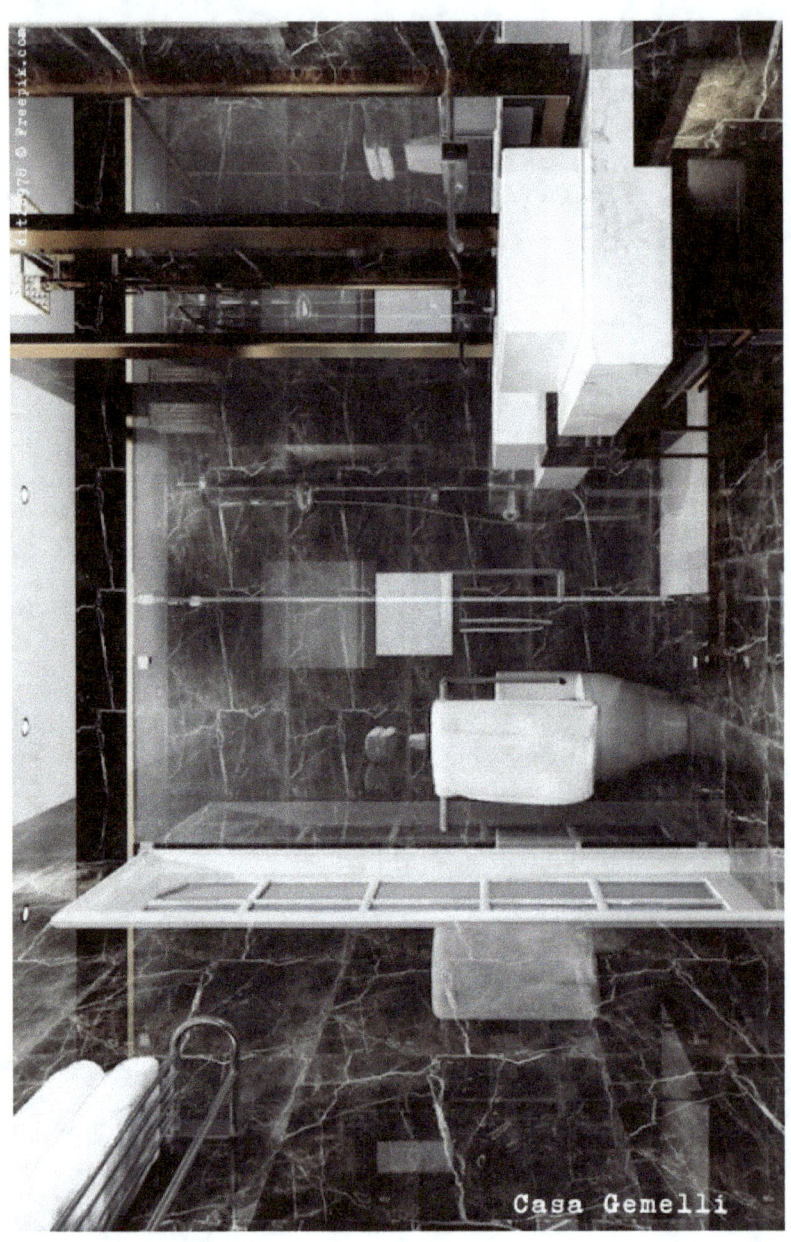

Casa Gemelli

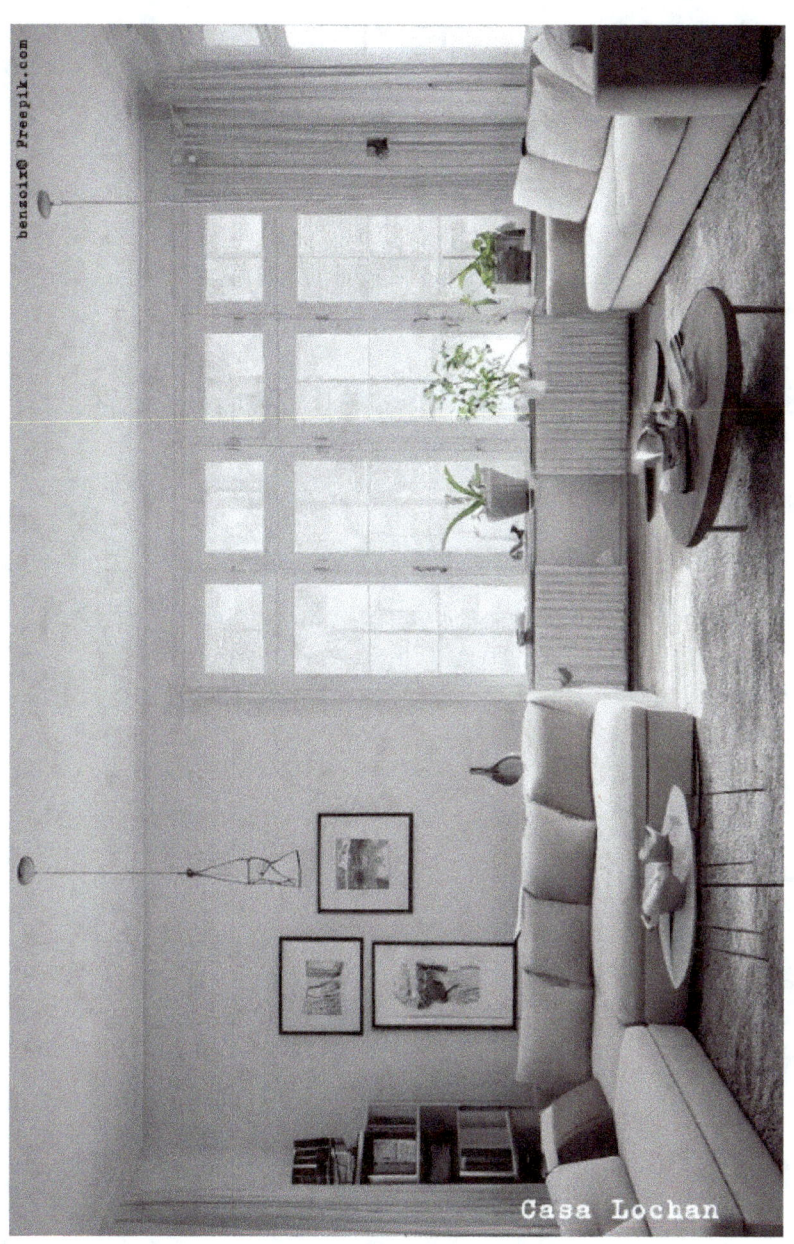

Casa Lochan

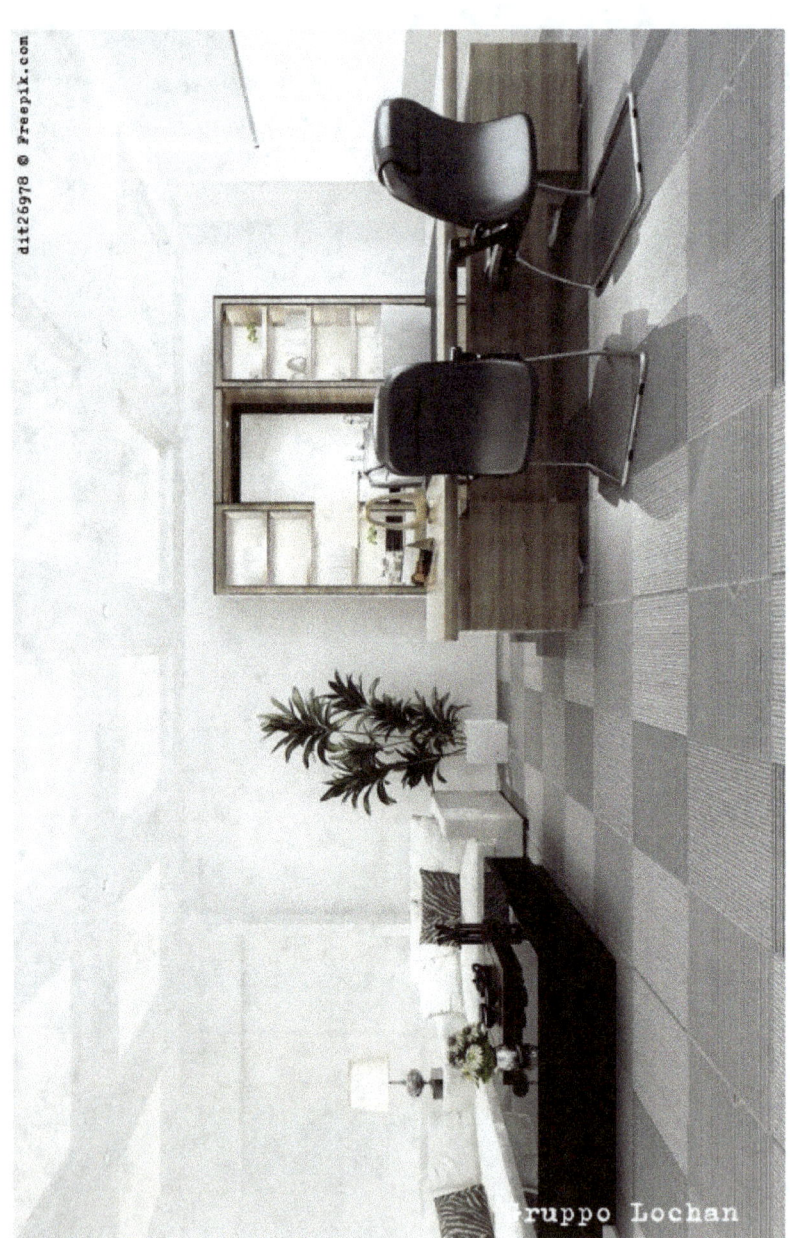

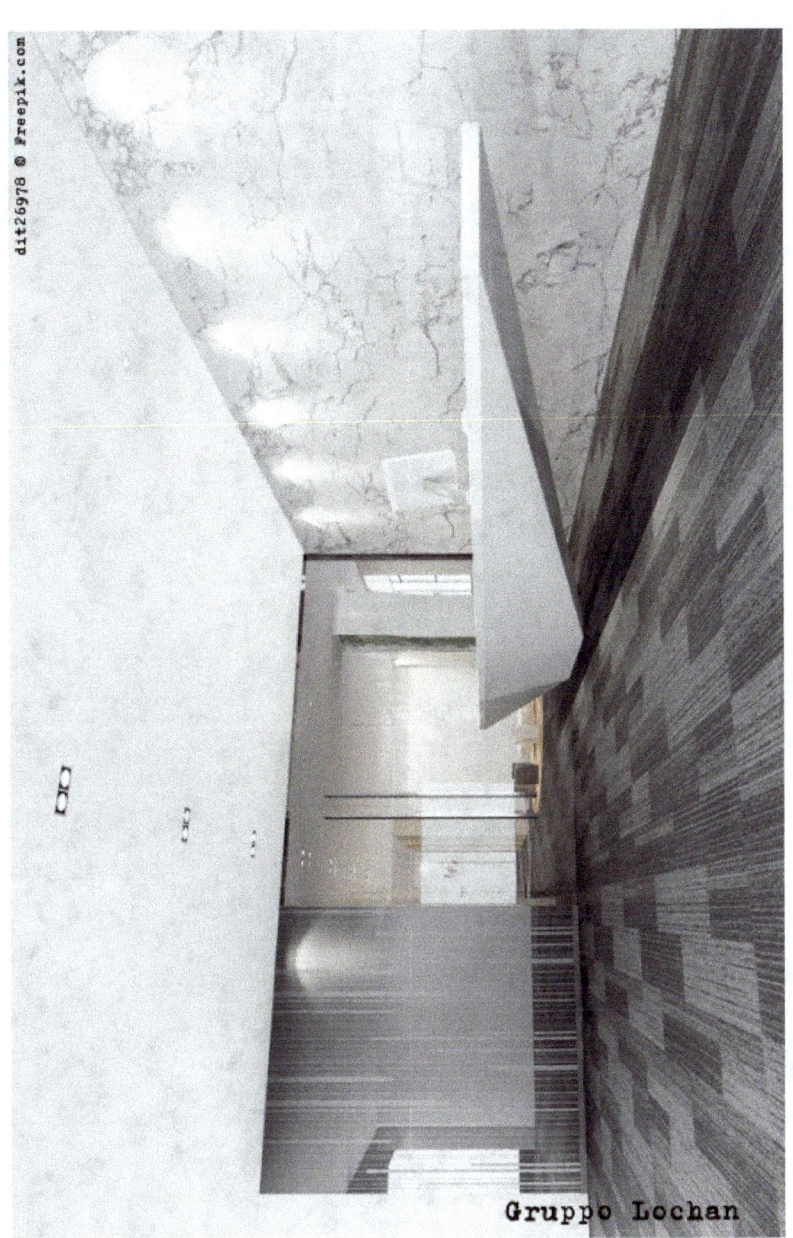

Gruppo Lochan

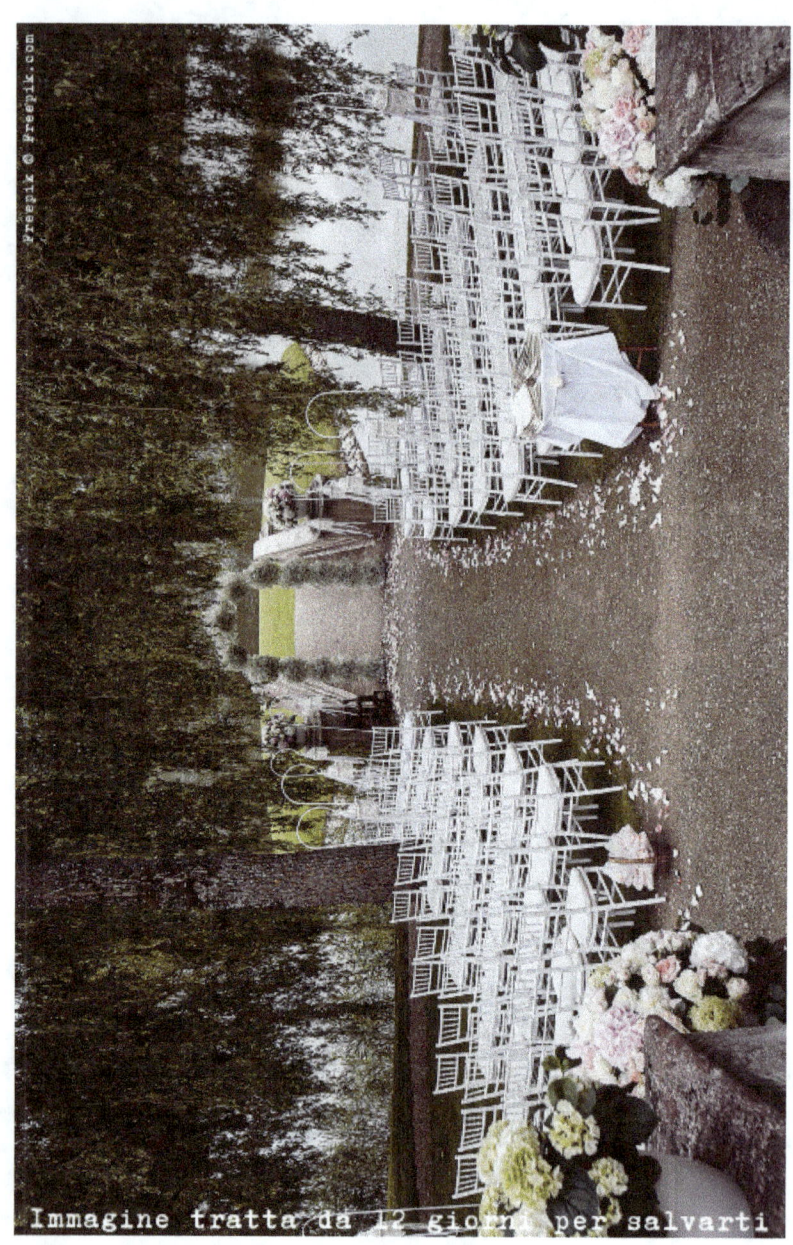

Immagine tratta da 12 giorni per salvarti

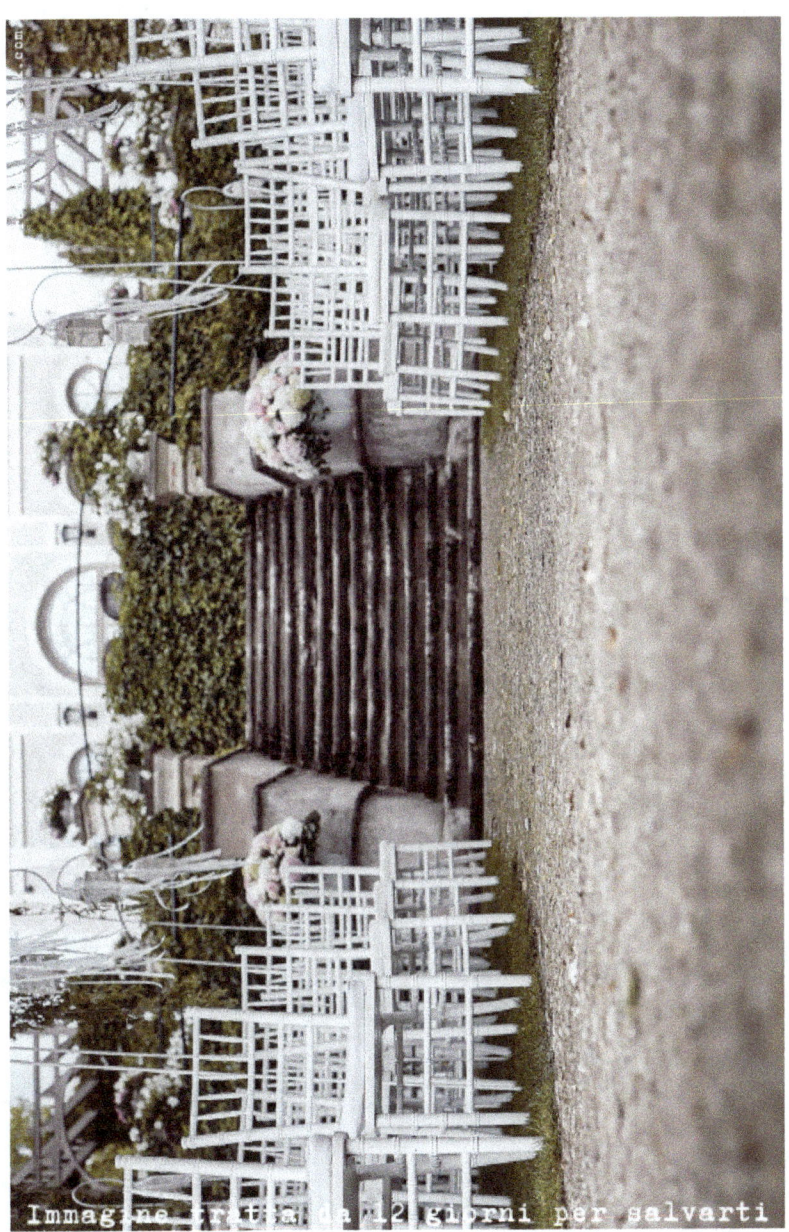

Immagine tratta da 12 giorni per salvarti

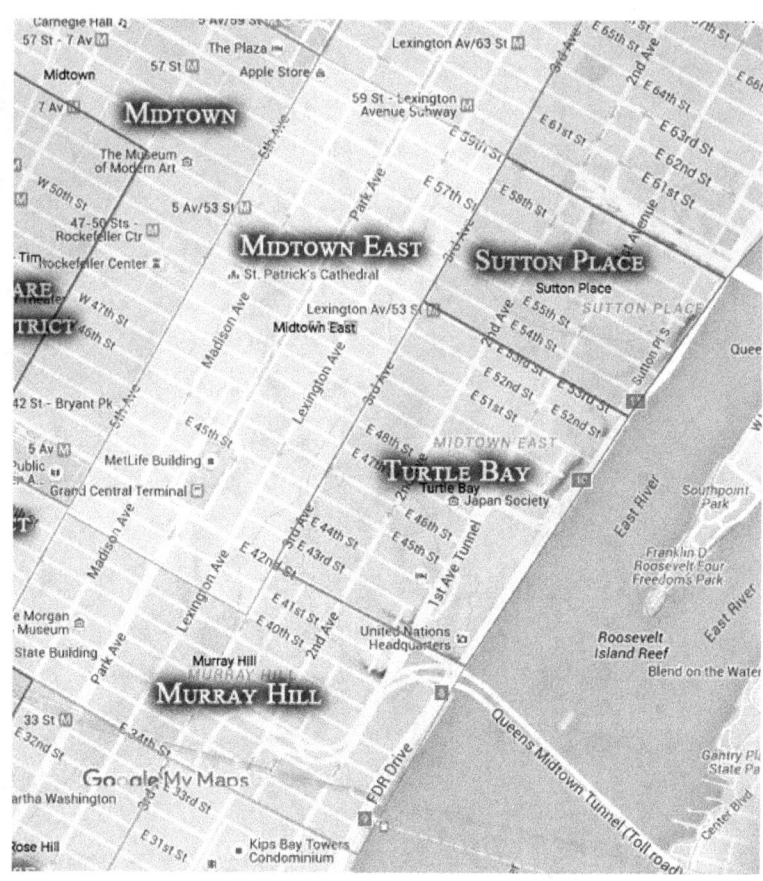

Uffici Famiglia Castellano. Turtle Bay, E48th st, NY.

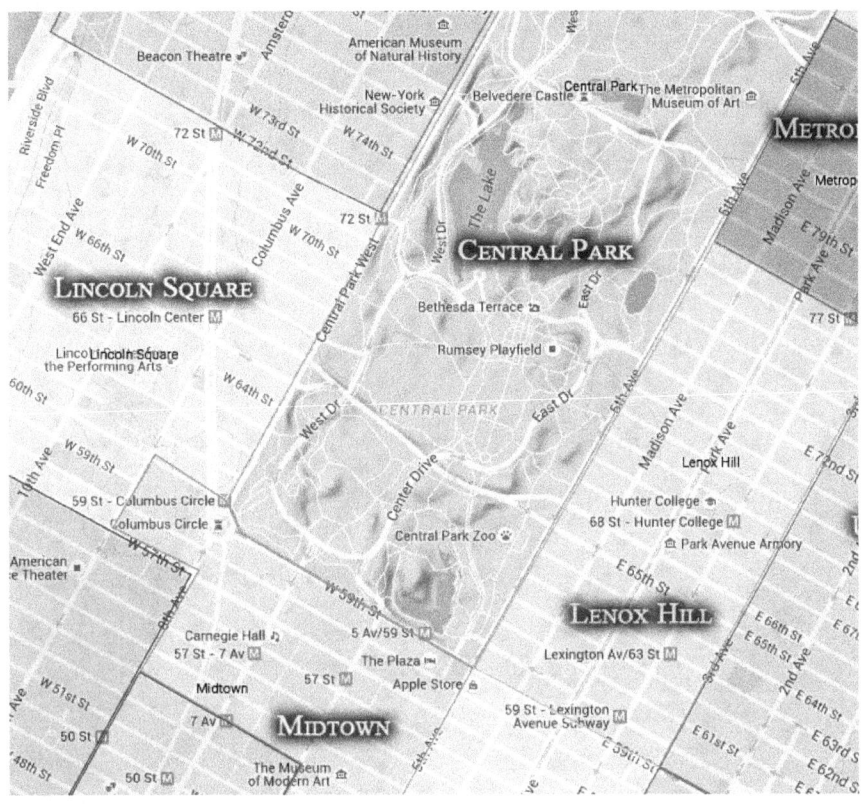

Casa Castellano-Lombardo. Central Park, Central Park West, Upper West Side, New York, NY.

Casa Castellano Tommaso-Sky. Central Park, Upper West Side, W 59 st St, New York, NY.

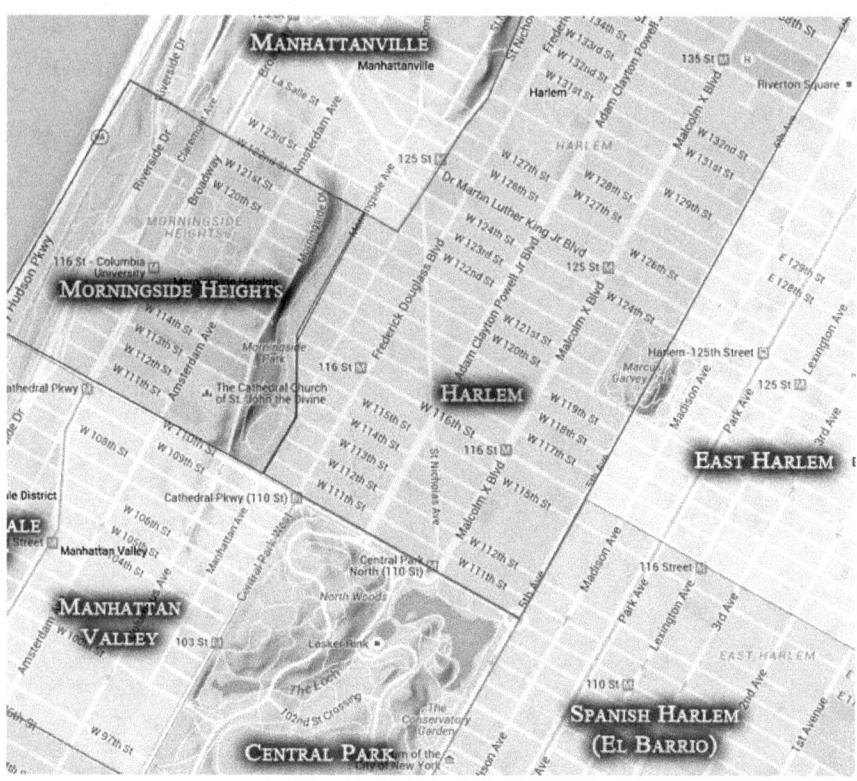

Casa Lombardo (Vol.1). Morningside dr., Morningside Heights, New York, NY.

DOVE TROVARMI

@francescaforlenza12_autrice

@francescaforlenza_libri

francescaforlenzaautrice

francescaforlenzawriter@gmail.com

francescaforlenza12.wordpress.com

Linked Francesca Forlenza

Francesca Forlenza Autrice

Sommario